谨将此书献给已经离我而去的母亲（1942.8~2011.9）。在其短暂而平凡的一生中，她教会了我善良、理解、感恩与执着，正是这些品格使我走上学术研究之路，并以此为乐。

本书受"北京市协同创新课题"（第 1023 号）资助

哈尔滨工程大学
社会学丛书

新生代女性农民工城市适应性研究

Study on
the Urban Adaptability of the New Generation
of Female Peasant Labors

李艳春／著

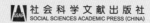
社会科学文献出版社
SOCIAL SCIENCES ACADEMIC PRESS (CHINA)

目 录
CONTENTS

第一章 导论

1.1 研究背景

社会流动是社会学研究中一个重要而热门的领域（王章辉、黄柯可，1999：1～5）。在中国由农业社会向工业社会、由计划经济向市场经济转型的社会变革中，农村劳动力大量流入城市，中国人口迁移空前活跃。2014 年，全国流动人口为 2.53 亿，其中，农民工总量为 2.74 亿，外出农民工为 1.68 亿，本地农民工为 1.06 亿（国家统计局，2015）。

在诸多迁移目的地中，北京以其政治、经济、文化、教育、医疗等方面的独特优势，长久以来就对外来人口具有无穷的吸引力，成为外来务工人员的首选迁移地。实际上，北京因其高速的经济发展已经成为中国农村剩余劳动力的巨大蓄水池。统计数据显示，到 2014 年末，北京市总人口为 2152.0 万，其中常住外来人口 818.7 万[①]，我们不难推算出北京外来人口之庞大规模。

在席卷全国的迁移浪潮中，有一个令人关注的社会现象：男性在流动人口中占据主体地位的状况正在发生改变，女性流动人口所占比例越来越高。1990 年第四次全国人口普查时，男性迁移人口与女性迁移人口的性别比是 123.1，其中省内迁移性别比为

---

① http://www.chinacourt.org/article/detail/2016/01/id/1779680.shtnclo.

119.3，省际迁移性别比为 139.1。2000 年第五次全国人口普查根据
0.1% 抽样数据推算，女性流动人口数量达到 7385 万，已经占据
"半壁江山"（段成荣等，2009）。可以预计，伴随城市化的推进，
城市尤其是特大城市里的女性流动人口数量会快速增长。从国际
上看，女性移民也呈现相同趋势。非洲、亚洲及世界其他地区的
20 世纪移民的主要特点是出现了移民的女性化（Crush and Dod-
son，2010）。自 20 世纪 60 年代中期以来，流入发达国家的女性移
民数量已经超过男性。据联合国人口司估计，2000 年全球移民女
性占到 48.8%。迁移到欧洲和北美的女性移民比例分别为 52.4%
和 51.1%。2003 年进入美国的 70 万移民中有 55% 是女性。一些
发展中国家（如阿根廷）女性移民的比例也高于男性（Sam &
Berry，2006：408）。

以上事实表明，中国出现了与欧美等发达国家类似的迁移趋
势。一方面，计划经济体制倡导的就业平等使中国女性最大限度
地得到与男性同等的就业权利与就业机会，劳动参与率非常高；
另一方面，伴随城市产业结构调整带来的第三产业迅速发展，大
城市对女性劳动力的需求激增；再加上家庭式迁移方式的出现，
在不久的将来，将会有更多的农村女性劳动力选择到城市就业，
在城市建设与发展过程中发挥越来越重要的作用。

几千万甚至上亿的农村女性已经来到城市，然而迁移与性别
关系的研究仍然处于起步阶段（Liang and Chen，2004：425）。现
有的城市生活研究没有对女性给予特别的关注，性别因素长期以
来一直没有得到重视，针对女性这一流动群体如何适应城市生活
的研究更加有限，她们的劳动价值往往被低估，甚至被忽略（杨
云彦，2001）。

事实上，中国大地上数以千万计的农村女性劳动力同男性劳动
力一样，是社会变革和社会经济活动的重要参与者，在付出青春与
汗水的过程中，已经成为中国经济社会发展的重要"推动力量"之
一，为中国的城市建设和发展做出巨大贡献。她们离开家乡来到城

市，如何适应城市是其首先要面对的问题。正如联合国秘书长 2006
年在《国际移徙与发展》报告中所说，"移徙的成功在于移徙者和
东道国社会的相互适应。为了完成这一适应过程，人们越来越意识
到，尽早促进迁徙者在其居留的目的国融入当地社会，符合移徙者
和东道国社会的最大利益"（联合国秘书长报告，2006）。因此，如
何让这些外来者尽快适应城市，使其实现从农民工到市民的转变，
不仅是党和政府应该关注的，也是学术界应该关注的。

1.2　研究意义

人口流动本身就是一种性别化现象，是社会经济因素与性别
相结合生成的一种现象（Chant，1992；Bravo-Ureta et al.，1996；
Dang et al.，1997；Yang and Guo，1999；Kanaiaupuni，2000，转
引自 He and Gober，2003：1221）。女性农民工在大都市工作、生
活的适应状况，与中国的经济增长、社会稳定以及农民工自身生
活的改善密切相连。她们在城市里工作生活得如何，不仅直接关
系到城市就业及相关人口政策制定和实施的效果，也关系到城市
的和谐与稳定大局，关系到城市的可持续发展。伦斯基在论述农
业社会特征时曾说过，与有文化的少数和无文化的多数之间的文
化分化相并行的是将城市少数和乡村多数分开的一种分化，这两
种类型的社会生活方式如此不同，以致在一种典型的社会成长起
来的人在突然遇到另一种社会中哪怕是最普通的问题时也会显得
十分愚蠢。这使得关于不能适应城市生活的"乡巴佬"和在乡村
显得迟钝的"城市傻瓜"的笑话越来越多（伦斯基，1988：234）。
因此对大都市女性农民工的城市生活进行研究具有一定的理论意
义和现实意义。

1.2.1　理论意义

以女性农民工作为对象进行研究，可以丰富相关社会学理论。

性别是理解社会经济变化的一个视角。广义上看，社会学研究的基本框架、主导理论和方法模式大多是以男性中心、依据男性经验建立起来的，而针对女性的理论有待进一步拓展：功能主义在解释男女差异方面似乎能力有限，经验主义把性别作为一个变量而不是核心理论，马克思主义社会学也将性别因素抛开，而女性主义理论自身还不足够发达（Pedraza，1991：305）。传统研究假定男性和女性处于一个"单一的社会"里，将男性经验和立场作为普遍知识的一种代表，从中概括出来的普遍性对于所有参与者都同等适用，女人被系统地排斥在知识体系之外而被迫保持沉默。因此，以女性农民工这一独特群体作为对象研究，不仅能够丰富现有的相关社会学理论，而且可以更好地反映女性在社会世界中的独有经验。

1.2.2 现实意义

首先，基于女性视角展开研究，可以更好地关注这一群体。事实上，女性不仅在生理和心理上不同于男性，而且二者在生活观念、行为方式等方面也有很大差异。相较于男性农民工以及本地女性劳动力，女性农民工的外地人、文化水平较低以及来自贫困地区等诸多标签，使得该群体不仅在经济方面，在社会地位方面也处于弱势，在整个社会分层结构中处在底层位置，属于"弱势群体中的弱势群体"。

其次，基于女性农民工的研究有助于我们更好地认识中国社会以及社会现象。城镇化或城市化是所有发展中国家必经的阶段，农民从农村向城市转移，这是农业国家向工业国家迈进的必由之路。在这条必由之路上，女性在婚姻家庭、子女教育、家庭消费和社会治安稳定等方面发挥作用，同时作为劳动力的重要组成部分和家庭决策的重要参与者，成为进城农民与乡村社会联系的关键。外来女性能否成功地适应城市生活，不仅关系到女性劳动力自身的发展，也关系到我国农业的持续稳定发展和城市化实现的程度，关系到社会的安全与稳定、发展与和谐，因此成为构建和谐社会过程中无法回避的问题（李树茁等，2008）。针对农民工的重要组成部分——女性农民工研究的缺失，导致我们无法全面理解当代中国农民工现象。

最后，在北京建设国际型大都市的背景下，对北京外来农民工的城市生活状况的了解以及居留意愿进行实证研究，不仅有助于发现她们在城市融入过程中存在的问题，了解当前女性农民工的社会地位，而且有助于进一步制定和完善农民工相关政策，保障青年女性农民工的权益，促进社会公正，加快新生代女性农民工融入城市的步伐，对我国的城市化、现代化发展具有现实意义。

1.3　国内外研究现状

1.3.1　国内研究现状

中国社会学者自20世纪80年代才开始对外来劳动力进行社会调查和研究，其中，专门针对女性农民工的研究始于90年代。最早关注农民工性别差异的是李树茁，其于1993年发表《八十年代中国人口迁移的性别差异研究》一文。中国社会科学院社会学研究所的谭深研究员自1993年开始从事农民工特别是女性农民工研究，主持中国社会科学院社会学研究所"农村外出务工女性研究"项目（1993~2000），著有《农民流动与性别》一书。她的研究从性别角度关注打工妹的处境、经历以及态度形成的性别因素。

进入21世纪，女性农民工的城市融入、社会适应等问题已经开始引起政府、公众及学者的高度关注。2004年中国人民大学召开"中国现代化进程中的人口迁移流动与城市化学术研讨会"，讨论女性迁移与城市融合过程中的性别差异问题。会议认为，迁移过程是分配稀缺资源的过程，也是社会性别角色规范和分工调整的过程，该过程伴随社会性别的烙印（钱伟，2006）。中国社会科学院"当代中国社会结构变迁研究"课题组 2001 年进行全国抽样调查，数据统计出的当代中国社会分层体系的性别建构表明，性别建构下的社会分层体系是客观存在的。"在整个社会分层体系中，我们能够清晰地观察到性别的建构，尤其是社会分层体系中的一些优势位置，性别成为流动的天然屏障"（陆学艺，2004：180~211）。

　　然而，这些关注尚不够充分。在 21 世纪初中国进行的"当代中国社会阶层研究"、中国中产阶层研究等诸多大型调查以及理论和经验研究中，尽管存在性别变量，然而将性别作为核心概念解释流动现象的研究还相对较少，有关女性阶层的论述也比较少见。这使我们今天在某种程度上依然会想起吉登斯的判断："多年来，有关社会分层的研究一直存在着性别盲点——仿佛女性是不存在的"（安东尼·吉登斯，2003：376）。

　　事实上，国内学者针对女性农民工的相关研究一致表明，同男性农民工相比，女性农民工处于弱势处境，而且承担更大风险。沈渝（2010）认为，进城女性农民工比例有所上升，经济社会地位和社会期待有所提高，但是由于受传统社会性别观念的影响，女性农民工在城市融入中仍然是弱势群体。王峥（2008）通过对山东济南、青岛、临沂和聊城等城市制造业青年农民工的调查研究发现，性别不同的农民工在就业年龄、收入水平、劳动保障方面存在差异，但相比之下女性处于更加弱势的地位，面临诸多不利。总之，当代社会分层研究者已经达成这样一个共识：性别与阶级、种族是导致当代社会不平等和社会分层最重要、最普通的三种机制（李春玲、吕鹏，2008：186~187）。

　　因此，对于中国女性农民工这一群体的研究就显得迫在眉睫。国内关于移民社会适应性的研究可以分为三个方面：社会适应的心理学研究、社会学对农民工的社会适应研究和水库移民的社会适应研究。在这里只对前两方面的研究现状加以梳理。

　　1. 心理学对社会适应的研究

　　心理学主要从个体视角研究社会适应，探讨个体社会适应的心理素质、社会适应与心理健康的关系等问题。

有心理学家认为，社会适应所需要的心理素质被称为"社会适应性"（陈建文、王滔，2003；陈建文、黄希庭，2004），但是社会适应性由哪些因素构成则尚无定论。有学者认为，个体的社会适应性应该从以下因素加以考察：自我的激发、自主性、自我系统的开放、信息的包容、自我控制调节、环境控制和压力应对等。而且它们不是截然分开的，是一个相互联系、相互影响的有机整体（刘立新，2001）。还有学者认为，社会适应是人们在长期社会适应过程中形成的人格特征，在人们适应社会的过程中表现出来，它影响个体对社会压力的感受和理解，决定个体采取什么样的应对策略适应社会。他们认为，对于社会适应的结构应该从以下四个维度概括：心理优势感、心理能量、人际适应性和心理弹性（陈建文、黄希庭，2004）。也有学者认为社会适应是指当社会环境发生变化时，个体的观念、行为方式随之而改变，使个体适应所处的社会环境的过程（林崇德等，2003：1068）。根据该定义，个体的社会适应包括两个方面：观念（或心理）与行为。据此，心理学家一般将个体的社会适应操作定义为两方面：外显行为（如学习成绩、行为问题等）和内隐问题（如抑郁、主观幸福感等）。

关于社会适应与心理健康的关系，有学者认为，心理健康的实质就是社会适应；而另一些人则反对心理健康标准的社会适应论观点（陈建文、王滔，2004）。还有研究者认为，个体的心理健康不仅仅指没有心理疾病，还指个人在与环境达成协调的基础上，能够为自我成长和发展提供有利的心理空间。这里强调的是个体与环境的某种和谐平衡，而这种平衡既是社会适应的心理功能，也是心理健康的本质之一（赵丽丽，2008a：12）。

2. 社会学对城市适应的研究

（1）概念界定

《社会学百科辞典》中并无"适应性"一词，与之比较接近的是"同化"与"调适"。但是在一些学者看来，适应不是简单地被同化，从字面上看，同化有消极、被动之含义，而适应比同化更具积极主动性，因此调适更加接近适应的本意（朱力，2002）。《社会学辞典》对"适应行为"的定义是：个人为适应社会环境而产生的行为。个体通过社会化，知晓自己的社会权利与义务，形成与社会要求一致的知识、技能、价值观与性别，在社会交往及社会行动中采取符合社会规范的行动，人的一生是不断适应环境的过程（王康，1988：352）。

在国内学者对不同群体（流动儿童、独生子女、农民工、异地求学大学生等）进行的"适应性"研究中，衍生出社会凝聚（social cohesion）、社会融入/融合（social inclusion）、社会整合（social integration）等概念。学者对这些概念的应用，可以分为两类。

一些学者将以上概念区别使用。有学者认为融入是乡城流动人口在城市的适应过程及结果（杨菊华，2009），社会融合是个体之间、群体之间、文化之间互相配合、互相适应的过程（任远、邬民乐，2006）。还有学者认为，城市融入是指农民工进入城市，能与城市当地人和谐相处（张肖敏，2006：5）。也有学者认为，这些概念所表达的核心思想基本一致，只是在应用和概念界定方面的侧重点不同。社会整合与社会凝聚强调移民与当地社会的互动性，社会融入较多地被用于社会福利研究，与社会排斥是一对相斥的概念，强调移民的平等性。社会适应强调的是移民的主动性（陆淑珍，2012：11）。

有学者并没有将适应与融入（融合）区别对待，而是将其视为同一过程，用社会融入替代社会适应，认为二者并无本质上的区别（符平，2006），也有学者认为这些概念本质上并无显著区别（范晓光，2008）。还有学者分析流动人口的城市生活适应，得出流动人口的社会融合方面的结论（张文宏、雷开春，2008：119；杨菊华，2009：20；刘建娥，2010）。

（2）城市适应的维度

城市适应由哪些维度构成？诸多学者认为其是个多维度概念。

两维度城市适应：生存适应和发展适应。生存适应包括工作生活适应、经济适应、居住环境适应；发展适应包括价值观、认同感和归属感。还有研究者从个人因素与制度因素视角将农民工的城市适应进行比较，认为个人因素对适应起到重要作用，制度因素中的社会保障制度有积极作用（郑梓桢等，2011）。

三维度城市适应。有学者把城市适应分解为三个维度（朱力，2002；张海波、童星，2006a）：经济、社会和心理。还有学者将每个维度进一步分解，认为经济层面适应包括相对稳定的就业、相对稳定的收入和住所；社会层面适应包括生活方式、生活习惯、社会交往；心理层面适应包括归属感和价值观两方面。许传新（2007b）将城市适应操作化为工作适应、人际关系适应、生活适应等方面。目前，关于三维度城市适应的研究已经出现一些成果（李培林，2003；杜鹏等，2008，钱文荣等，2009）。

四维度城市适应。风笑天（2013）从经济适应、生活适应、心理适应和环境适应四方面对移民的社会适应进行研究。马凤鸣（2012）则认为社会适应要从职业适应、生活适应、人际关系适应、文化适应四个维度进行测量。

除了对城市适应进行多维度分析之外，还有学者认为移民社会适应的各个维度之间存在递进关系。朱力（2002）的研究认为，经济层面的适应、社会层面的适应和心理层面的适应是依次递进的关系。经济适应是立足城市的基础；生活方式和社会交往是农民工对城市生活的进一步要求，心理层面的适应属于精神领域，它反映出进城农民工对城市化生活方式的认同程度。心理和文化方面的适应，才是流动人口完全适应城市社会的标志。农民工要成为真正的城市市民，需要满足物质上城市人、社会上城市人、心理上社会人的三个条件（李强，2004：75）。

结合以上学者们的分析，在笔者看来，农民工告别广阔的农村天地、来到繁荣的城市后，要想真正地适应城市生活，被城市文化所接纳，首先应该找到工作，获得一定的劳动收入以保证自身的生存。这不仅是每个个体的生存前提，也是外来者立足城市的基本条件，此乃经济层面的适应。其次，外来者更要形成与当地人类似的生活方式，生活方式和社会交往是农民工进一步适应城市生活的体现。最后，这种生活方式与交往方式会影响农民工与当地社会的接触，使其接受并形成新的、与当地人相同的价值观，进而在观念以及情感上找到归宿，在心理上获得认同，此为心理层面的适应（田凯，1995）。总之，城市适应是外来者不断地在工作方式、生活方式、社会交往、社会心理上做出调节，从而顺应自身所处生存环境的过程。

（3）城市适应的影响因素

关于这个问题，与心理学家关注个体的研究视角不同，社会学家同时从社会、制度等宏观层面以及个体微观层面上寻找原因，认为影响因素涉及农民工的个人特征（性别、年龄、受教育程度）、家庭因素（家庭婚姻、购房能力与住房条件等）、就业状况（职业与收入、务工时间）、土地权利、制度安排、社会心理等。

微观上看，既有研究认为，个人特征是影响农民工城市社会适应的基本因素。受教育程度对城市适应的影响表现为正向线性关系（续田曾，2010；段志刚、熊萍，2010）与 "U" 形关系（王桂新等，2010）两种；性别因素的解释力可能因为其他变量的引入而消失（张翼，2011）。受教育程度为高中及以上文化程度、会说当地话、在打工地生活时间长的农民工，社会适应水平更高，而社会排斥及网络资源对于社会适应也会产生影响（马凤鸣，2012：148；渠敬东，2001）。总之，受教育程度、职业培训（赵延东，2002）以及工作经历（曾旭辉，2004）都会影响农民工的城市适应。

宏观上看，有学者认为，影响农民工社会适应的原因是制度性因素。李强（2002）、潘泽泉（2004）分析了制度性和非制度性社会排斥在农民工城市适应过程中起到的阻碍作用。

（4）留城意愿的影响因素

要使农民工适应城市生活，尽快使其实现市民化、城镇化，需要政府的支持和引导，这也会以农民工对城市的"居留"意愿选择体现出来。总结来说，个人因素、社会因素、经济因素、文化因素等都会影响农村流动人口定居城市的意愿。

第一，制度因素。我国的户籍制度、土地制度以及以户籍制度为核心的城市用工制度、城市住房供给制度、社会保障制度、教育制度等对人口的城乡迁移起着阻碍作用（卢向虎，2005），是影响外来农民工定居城市的一个主要因素。李强（2003）指出，户籍是影响中国城乡流动和迁移的最为突出的制度障碍。中国的流动劳动力大军最终归于农村还是城市，他们有没有机会在城市定居下来，取决于制度变革的未来趋势（蔡昉，2001）。

第二，个人因素。有研究表明（李强、龙文进，2009），性别、婚姻状况、受教育程度、年龄对外来人口的留城意愿有一定的影响。有学者利用2008年浙江和江苏两省的农民工抽样调查数据发现，女性比男性更倾向于留城定居，年龄对留城意愿的影响呈现倒"U"形，受教育程度对留城意愿具有显著的正向影响。与此不同的是，黄乾（2008）利用上海、天津、广州、沈阳和昆明5城市1076个农民工的样本数据，分析影响农民工留城意愿的主要因素。结果发现，性别、婚姻状况、受教育程度、职业等个人社会特征变量和社会资本对留城意愿的影响不显著。也有学者针对江苏、山东、湖南、河南、陕西、四川、重庆7省市的实地调研分析结果认为，性别、年龄、受教育程度、职业等个人特征，住房类型、有无农地、社会保险状况等经济因素，子女读书地和配偶工作地等家庭及社会因素，对农民工的留城意愿有显著影响（段志刚、熊萍，2010）。还有学者基于2008年北京、上海、天津和广州4城市农村外出劳动力的调查数据发现，受教育年限对农村外出劳动力再迁移意愿产生积极的影响，但是性别、年龄、婚姻对留城意愿的影响不显著（李楠，2010）。

第三，城市经历。外来人口的城市社会适应程度和从业经历会影响其留城意愿。农民工在城市的生活工作状态，如城市生活时间、在城市工作的稳定程度影响其留城意愿，城市生活时间越长，农民工越倾向于定居城市（王毅杰，2005）。随着城市生活时间的增加，一方面，农民工的人力资本和社会资本存量增加，其能够越来越适应城市生活；另一方面，与农村的交集变小，这在一定程度上会把农民工"拉向"城市（任远、邬民乐，2006）。

职业、收入和住房情况对农民工定居城市的意愿有显著影响（熊波、石人炳，2009），收入越高、务工时间越长，农民工的留城意愿越强烈（黄祖辉、毛迎春，2004；段志刚、熊萍，2010）。与本地居民交往越多的农民工留城意愿越强（李楠，2010）。黄乾（2008）的研究结果表明，农民工的留城意愿总体上不强烈，农民工的就业状态、月收入、农村土地、住房情况、养老保障状况等经济因素对其留城意愿有显著影响。有学者利用7省市的实地调研结果发现，工作地、在城市居住的时间和就业状况等因素对农民工的留城意愿没有显著影响（段志刚、熊萍，2010）。还有学者基于2008年北京、上海、天津和广州4城市务工人员调查数据结果发现，月收入对留城意愿的影响不显著（李楠，2010）。以广州、东莞、沈阳、成都、杭州、郑州的外来新移民作为研究对象的结果表明，就劳力型移民而言，职业（尤其是"个体工商户"）、住房产权、好朋友数量、社会认同以及所在城市等因素的影响最为突出（刘于琪等，2014）。

第四，心理因素。蔡禾、王进（2007）发现，一方面，农民工对城市生活方式的认同程度越高，其向城市迁移的意愿就越强烈。个体感受到的压力及歧视等主观心理因素会影响农民工的留城意愿。另一方面，农村浓厚的乡土人情、熟悉的生活方式对其产生一股巨大的情感性拉力。这种城乡之间推拉的博弈不断使农民工产生心理焦虑，是对城市"积极融入"还是"逃离"不知所措，从而导致"认同的内卷化""边缘化""隔离性融合"的产生（王春光，2006、2011；李强，2011）。还有学者的研究表明，城市归属感对农村外出劳动力的再迁移意愿产生积极影响（李楠，

2010）。

　　将以上影响农民工留城意愿的因素进行简单归纳总结，可以发现不同学者基于不同的研究目的，选择不同地区的流动人口进行研究，选择的自变量不甚相同，年龄、受教育程度、婚姻状况等个人特征，在城市的生活状况以及心理因素等方面对于农民工的留城意愿有不同程度的影响，所得结论不尽一致。

　　（5）针对北京农民工的实证研究

　　有学者基于北京农民工的样本数据，分析其留城意愿决策的影响因素。结果表明，北京农民工选择是否在京定居是一个根据受教育程度的正向自我选择过程，但是在个人能力方面，并没有表现出显著的选择效应。参与社会保险能够使农民工的定居意愿显著提高，而社会资本似乎并不会对农民工的定居意愿造成影响（续田曾，2010）。还有研究表明，受教育程度越高的农民工越倾向于留城；单身的要比已婚的留城意愿强；配偶在城市的要比两地分居的强；流出地越穷的农民工，其留城意愿越强；自我阶层认同越高的，其越倾向于留在城市（尉建文、张网成，2008）。

1.3.2　国外研究现状

　　在西方，移民适应性研究是社会科学界的一个研究热点，尤其是在美国、加拿大等移民国家中，类似的研究不胜枚举。当然，国外研究中针对中国农民工的研究较少。通过查阅相关文献，有以下研究可以作为借鉴。

　　城市移民生活研究最早可追溯至滕尼斯、涂尔干、马克思、韦伯，以及齐美尔等人。前几位大师从宏观层面着手分析，而齐美尔则是基于城市社会心理展开研究。在《大都市与精神生活》中，齐美尔明确指出，个人必须适应城市。深受齐美尔影响的帕克以及美国芝加哥学派则于 19 世纪 90 年代开始对从欧洲来到美国的移民进行研究。帕克和沃斯强调"城市社区"和"传统社区"的差异，雷德菲尔提出"城 - 乡连续统"（folk-urban continuum）

的概念，进而提出移民的适应模式。他们认为，迁移人口的适应模式主要有两种：一种是改变自我，用较长的时间进行调适，调适内容包括①职业改变，②生活方式改变，③社会关系调整，④社交活动参与，⑤居住环境改变；另一种适应模式是重建原有的生活环境与文化（赵丽丽，2008b：11）。

近年来国外的相关研究成果如下。

1. 关注性别差异

20世纪70年代，性别差异首次被引入社会学研究领域。安·奥克利认为性别分工不是由男女生物学上的差异决定的，而是社会有意造成的、性别不对等的社会规范（林红，2004：118）。早期的国际移民研究在性别上偏向于男性，除少数例外（如1984年特刊《国际移民评论》），女性移民研究直到20世纪90年代才被列入国际移民研究范围。现在有超过3000个关于女性移民的引用，研究领域包括人类学、经济学、法学、医学、心理学和社会学等（Sam & Berry，2006：408）。

Fan（2000）比较移民过程中的性别差异，认为同女性移民相比，男性移民更容易转移到城市地区，更容易从农业产业就业转移到非农产业就业，而且男性移民更容易在有声望的职业上就业。Pessar的研究表明，美国的女性移民普遍获得更大的个人自主权和独立性，而男人失去根基。与此相反，也有学者的研究表明，女性移民由于获得"弱关系的机会不平等而使地位有所下降"（Liang & Yiu，2004：425）。

2. 适应性的概念

"适应性"的正式定义最早由Redfield、Linton及Herskovits于1936年提出，他们定义适应性为这样一类现象：具有不同文化背景的个人组成的群体由于连续不断的直接接触，其中的任意一群体或两个群体的原始文化模式发生变化（Redfield et al.，1936：149，转引自Berry，1992）。该定义现在被视为对这一概念的经典界定，也是研究适应性的学者引用最多的。这种变化可以立即发生，也可以在随后的较长时期内发生。适应性过程中短期的变化有时是负面的，其本质往往具有破坏性。然而，大多数正在经历适应过程的个人，在一段时间之后，通常都会对新文化情境产生长期的、积极性适应（Beiser et al.，1988，转引自 Berry，1997：13）。

美国社会学家高斯·席德（Goldscheider G.）在《发展中国家的城市移民》一书中对移民适应性下的定义是：可以将移民的适应界定为一个过程，在该过程中，移民对变化了的政治、经济和社会环境做出反应。从农村到城市常常包含这三方面的变化（Goldscheider，1983）。在这里，高斯·席德强调适应过程中的变化，把适应理解为行为本身，在变化的环境中，移民不断地进行行为调整。

除社会科学家之外，人类学家也在研究城市生活适应性。麦基（1898）从人类学视角定义适应性，认为这是一种交流和相互促进的过程，使社会从原始、野蛮向文明、启蒙发展。当来自不同文化的个人群体彼此连续不断地接触对方时，就会产生适应性问题。但是有一点很明确，不同文化个体之间的连续不断的亲密接触是适应性的基本组成内容，其中的一个群体或两个群体的原有文化模式发生变化。这些学者还指出，文化模式的变化对于至少有接触的一个群体是必要的，同时认为适应性会自动形成（Redfield，Linton and Herskovits，1936，转引自 Berry，1992）。

3. 适应与融入的联系与区别

国外学者对城市适应及城市融入进行如下区分。

Teske 和 Nelson（1974）认为适应和融入（acculturation and assimilation）是两个单独、截然不同的过程。适应的影响力可能是双向、互惠的（即有接触的两个群体相互影响）；而融入的影响是单向的，即主群体对另一群体单方面施加影响（Sam & Berry，2006：12）。Simons（1901）也认为适应是"互惠适应的双向过程"。不过，她认为适应与融入（assimilation）一词等同，认为融入就是调整或适应的过程（转引自 Sam & Berry，2006：13）。

帕克对适应与融入做了如下区分。根据人类生态学框架（芝加哥社会学学派的标志），帕克提出进入美国的新移民学习适应美国主流文化的过程分为四个阶段——接触、竞争、适应和融入（contact，competition，accommodation and assimilation）。群体通过迁移而彼此接触（contact），然后进行竞争（competition），形成某种程度的适应（accommodation），最后达到同化（assimilation）。适应是融入的前一个阶段，如果外来移民不能首先做到适应城市生活，那么就无法谈及融入城市环境。要想进入主流社会，他们不仅要接受并适应当地的生活方式、文化价值观念和习惯，还必须在教育和职业方面取得成就，只有这样才能获得社会认可，进而实现同化和融入。就流动人群来说，他们大多正在经历城市适应过程，只有成功地完成这一阶段，才可能达到对城市的认同与融入。对于帕克来说，适应城市生活的过程是渐进的和不可逆转的。他的分析模型在美国社会学界得到普遍认同和推广，成为我们思考迁移者如何在移民后适应主流文化的基石（Padilla & Perez，2003：36）。

另一方面，不同学科由于其关注对象及研究视角的差异，学者在词汇使用上也有所偏好。人类学家倾向于使用术语"适应性"，社会学家倾向于使用术语"融入"。当人类学家将其研究注意力从原始社会转到移民社会时，并没有使用社会学家使用的"融入"，而是坚持使用适应性，其主要关注的是所谓的"原始"社会如何发生改变，与开化人群的接触如何使之变得更加文明。而社会学家使用术语"融入"或"适应性"时针对的是移民研究，移民通过与"移入地社会的接触，逐渐与移入地社会人民的生活方式相一致"（Sam & Berry，2006：13）。

4. 适应性的层次

适应性最初被界定为群体层面上的一种现象，现在则被广泛认为是个人层面的现象。群体层面的适应性包括：①物理空间的改变，包括到陌生地方居住、新的住房类型、人口密度的增加、城市化，以及更多的污染等。②生物性方面的改变，包括新的营养状况和新的疾病。③政治方面的改变通常会使移民群体受到某种程度的控制，可能会失去某些权利。④经济方面的改变可能会使人们远离某些传统，而转向新的就业形式。⑤文化方面的改变（这是核心），包括改变原有的语言、宗教、教育和技术机构。⑥社会关系的改变，包括群体间和人际的交往关系都会发生变化。在个人层面上，一般说来，发生迁移的人往往会远离以前接触的那些人，发生包括价值观、态度、能力、动机、身份等方面的改变（Berry，1992：70）。

除了存在群体层面和个人层面之间的区分，这两个层面上发生的变化也经常不同。在群体层面上，变化要么是在群体的社会结构、经济基础或群体的政治组织中发生。在个体层面上，变化可能涉及身份、价值观、态度和行为。此外，个体层面发生改变的速率（即态度、行为等）可能也会有所不同。因此，对适应性的全面研究涉及两个层面上发生的改变（即群体和个人）以及两个层面的相关性（Sam & Berry，2006：14）。

5. 适应性的维度构成

卡尔·博兰尼（Karl Polany）认为农村流动人口对城市生活的适应包括三层含义：首先是系统层面的整合，即经济、社会、文化以及制度四者相互衔接，农村流动人口在各方面被城市所接受。其次是社会层面的整合，即农村流动人口在生活方式以及行为上与城市居民不存在明显差别。最后是农村流动人口在心理上对城市拥有归属感（转引自王春光，2006）。

还有学者从客观和主观方面分析适应性的构成维度。客观方面，移民适应性涉及：①移民的经济经历，包括移民在迁入地的行业和职业，在迁入地的社会流动以及收入和支出。②文化经历包括同迁入地社会建立起来的沟通渠道，通过语言学习同迁入地社会进行文化、符号互动。这些改变也可以发生在饮食习惯、宗教或道德信仰以及习俗等方面上。③社会经历包括整合进迁入地社会成员的关系网络中，同时还涉及正式组织以及各类次级社会组织的参与程度。④政治方面包括参与投票及选举、组建新的政党和团体，代表移民和少数族裔群体的特殊利益。适应性的主观方面有三个主要因素：第一个是身份认同。这涉及移民自我身份的认同感，从对迁出地的忠诚转移到对迁入地的认同。第二个是内化，指移民态度和价值观的变化过程，其与文化适应的客观过程密切相关。第三个是移民满意度，其可能会根据迁移经历而有所不同（Goldlust & Richmond，1974：198 - 199）。

Teske 和 Nelson（1974）对适应性进行了比较完整的分析。在这两位学者看来，适应性包括物质特征、行为模式、规范、体制的变化，更重要的是价值观的改变。但是他们没有进一步从心理学上对不同文化成员如何彼此适应进行分析，这项工作由 Berry（1980）完成。

Berry 对适应性的分析主要集中于文化适应性上。他认为文化适应性是发生在群体与个体层面上的接触给个人情感、行为和认知等方面带来的改变（或可称之为行为变化和文化适应压力）以及随后长期的心理和社会文化适应方面的改变（Berry，2003）。文化方面包括群体习俗的改变以及经济和政治生活的改变，心理方面包括个人对社会适应过程的态度变化、文化认同方面的变化（Phinney，2003），以及他们的社会行为相对于接触群体而发生改变。最终的适应性具有核心性的心理特征，包括个人的福祉和社会技能，这些正是复杂日常世界的正常运转所必需的（Ward & Furnham，2001，转引自 Berry，2006：305）。在此基础上，Berry 还认为，适应性还涉及经济层面。经济适应性是指在新的文化中获得的工作是令人满意且有效的（Berry，1997：14）。另外，学者 Searle 与 Ward 从经验上将适应性分为心理适应和社会文化适应。心理适应是指心理变化，是个体经历适应性的最终结果，其涉及个人福祉和良好的心理健康，包括清晰的个人和文化认同、良好的心理健康、个体在新的文化背景下获得的个人满意。社会文化适应是指个人在跨文化的环境中管理其日常生活的能力（Sam & Berry，2006：306）。

总之，在 Berry 看来，良好的文化适应研究和理论应该能够突出两种截然不同文化之间的接触，确认两个群体正在发生的文化和心理变化（无论是短期还是长期都是如此），并确定这些变化从何而来（Sam & Berry，2006：19）。

6. 适应性的方向

关于适应性的方向，有学者认为其是单向过程（Gordon，1964；Graves，1967），也有学者认为其是双向过程（Taft，1977；Teske & Nelson，1974）。单向过程视角认为适应性变化发生在一个方向上，是某一个体或群体向另一群体的单向转变，最终将完全趋向于主流文化点上，即一群体发生单向改变，变得与另一群体很相像。戈登的同化论就是持此种观点。另一方面，以 Berry 为代表的双向过程视角认为，进行接触的个人和群体都要发生改变，但并不一定会朝向一个中性的或中间点改变。两个彼此接触的个人或群体会相互影响，并进而区分出四种不同的文化适应策略。目前，大多数心理思维倾向认为适应性是双向的，而非单向的（Sam & Berry，2006：17）。

适应性的双向过程视角是对单向过程视角的有益改进，但是仍然无法避免一些学者的指责。鲍里斯等人（Bourhis et al.，1997：369 - 386）指出，双向视角的问题在于没有重视主流社会对移民文化适应取向的态度，因为迁入地主流群体的某些策略对移民的适应性会产生重要影响。因此，Berry 在其原有的双向过程视角的基础上，又增加了第三个维度：主流文化群体对非主流文化群体文化适应的影响（Berry，2003：17 - 37；Berry et al.，2002，转引自石长慧，2012）。

7. 适应的影响因素

行为变化与适应性之间存在一定程度的相关性，这已经得到许多验证（Cuellar，Arnold，& Maldonado，1995；Rogler，Cortes，& Malgady，1991）。有许多因素以不同方式影响人们的适应，这些因素包括家庭结构和功能、某些宗教信仰和实践、性别、多数和少数群体之间的权力关系、性格特点、群体开始接触时的年龄等。民族、种族、宗教、语言以及打扮方式将移民同迁入地文化区分开。因此，一些新来的群体成员可能比其他人受到更严重的歧视（Padilla & Perez，2003：39），现将影响适应性的因素归纳如下。

（1）迁移之前的影响因素

第一，年龄。个体的年龄同适应性过程存在某种相关关系。如果适应性过程发生在个体早期（如进入小学之前），那么该过程一般比较顺利（Beiser et al.，1988）。若个体在年龄稍大时经历适应性过程，则经常会遇到问题，尤其在青春期开始经历适应性过程时更是如此。如果适应性过程开始于个体经历某些生活之后，例如退休时或父母年纪大、以家庭团聚的方式迁移入成年子女的生活中，此时的适应性过程似乎存在更大的风险。第二，性别。性别对于适应性过程有不同的影响。有大量证据表明，女性比男性有更大的风险问题。第三，教育。①教育本身就是一种个人资源，分析问题和解决问题的能力通常通过正规教育培养，较高的受教育水平有助于个体更好地完成迁移的适应性过程。②教育与其他资源具有相关性，如收入、职业地位、支持网络等，所有这些都是对适应性过程进行保护的因素。③对于移民来说，教育可以使他们适应迁入地社会的特点，能够对语言、历史、价值观、新的文化规范进行预先适应。④推/拉动力和期望。Kim（1988）发现，那些具有较高"推"动力的人会遇到更多的心理适应问题。然而，那些具有高"拉"动力的人的问题几乎一样多，移民对新社会的生活有极其强烈的或过高的期望，有时甚至是不现实的，而当这些期望得不到满足时，个体就会产生更大的适应性问题。⑤文化距离。文化距离是指两种文化在语言、宗教等方面的不同，一般且一致性的发现是，文化距离越大，正向适应性越小。较大的文化距离意味着个体需要有更多的文化抛弃，同时需要更多的文化学习；较大的文化距离容易引发群体间的负向态度，并诱发更激烈的文化冲突，从而导致适应难度的增加（转引自 Berry，1997：21－23）。

（2）迁移过程中的影响因素

第一，居住时间。一个人经历适应性过程的时间强烈影响适应的类别和程度。与时间有关的积极适应一般来说呈 U 形曲线：在迁入地社会早期出现的问题不多，随着时间的推进，则会产生较严重的问题，最终个体才能实现更积极的长期适应，即在迁入地居住的时间长短对定居意愿产生积极影响（Khraif，1992）。第二，适应策略。文化适应策略已被证明与积极适应有很大的相关性：采用整合策略应对适应性通常是最成功的，边缘化策略并不成功，采用融入与隔离策略则处于二者之间。有一种解释是，整合策略包括许多保护性因素：两个文化群体（即有两个社会支持系统）中的个体愿意互相体谅（即存在积极态度，没有偏见和歧视），个体具有较为灵活的个性（Berry，1997：24）。第三，社会支持。社会支持对于适应性的影响作用被广泛认同，偏见和歧视对于个体有显著的负面影响（Fenton，1989；Halpern，1993，转引自 Berry，1997：25）。还有研究表明，感知到的歧视同移民适应性呈负相关（Liebkind & Jasinskaja－Lahti，2000；Noh, Beiser, Kaspar, Hou, & Rummens，1999，转引自 Berry et al.，2006：306）。如果迁移者在迁入地与当地人有频繁的社会互动或更广泛的社会网络，那么对他们选择永久定居就会产生正面影响（Reyes，2001）。

有学者对移民的适应过程进行多变量模型分析，如图 1－1 所示。该模型表明，迁移之前的因素与迁入地的社会环境对适应性共同产生决定性影响，这些因素可以被归为七类。其中，四种是"客观"或个体外部因素，三种是"主观"或个体心理方面因素。在该模型中，迁入地社会居住时间长度是自变量，该变量与迁移之前因素和环境决定因素有交互作用，客观因素和主观因素不一定相互独立，也并非完全取决于相同因素（Goldlust & Richmond，1974：198）。

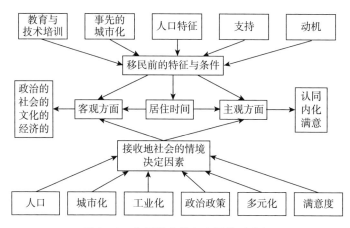

图 1-1　移民适应性多变量模型分析

总之，国外迁移研究大多关注国际移民永久定居和暂时停留或循环流动模式的不同（Massey& Akresh，2006），针对定居意愿影响因素的研究，学界仍存在不同观点。但是通常被广泛接受的因素包括流动经历、流入地的社会网络、与社会互动的强度以及一系列社会经济人口变量。而其他社会人口变量，比如性别、年龄、受教育程度、收入等也都会影响定居决策（Massey，1987）。

1.3.3　现有研究评述

从以上国内外文献的研究中可以看出，关于外来人口适应性的研究内容比较广泛，但是总体而言，目前国内研究存在以下不足。

1. 概念使用尚未统一

学者经常使用的与城市社会适应相近的概念主要有社会融合以及社会融入等。国内学者与国外学者对于此概念的区分有不同见解。

笔者倾向于认为，社会融入是建立在适应社会的基础上的，即只有在适应城市的前提下才有可能融入社会，即适应城市是融入城市生活的基础，融入是适应过程的深化。城市适应是个体在城市生活中处于自在的一种状态，指乡土社会中的居民迁移至城市社会，学习城市的行为规范与价值观念，适应城市生活的过程（朱虹，2008：157）。城市适应既是一个过程，也是一种状态，是农民工对城市生活的适应水平或程度，通过日常生活中连续不断的、通常不被人们明显觉察的一系列磨合、冲突而实现个体或群体与社会环境的协调与和谐，最终实现对迁入地的社会融入。

2. 研究对象

国内有关农民工城市适应状况的研究大多数以男性农民工为对象，从男性的经验出发，关注男性农民工的城市适应性，为男性提供他们所需要的解释，这样的研究结论"不免带有男性性别偏见或性别盲点，而在这一基础上形成的结论、观点、理论/理念及对策性建议等也必然或多或少地具有某种男性中心的倾向"（转引自吴小英，2003）。

事实上，迁移本身就是性别化过程。一方面，这是由不同性别在家庭生活以及再生产上的角色设置而决定的；另一方面，男性和女性在迁移过程中的行为存在差异，这与其从事的职业以及性别导致的城乡间文化差异有关。另外，男优女劣、男强女弱、男主女从这些固化的男尊女卑的性别观念在市场经济中仍发挥着一定作用，在这样一个社会性别等级差距拉大而非缩小的社会情境里，不同性别流动人口的城市适应必然有所差异。

3. 研究范围

国内农民工研究主要以某个城市或地区的农民工为研究对象，尽管出现一大批研究成果，但是针对北京、上海、广州、深圳等一线城市女性农民工城市适应性的研究还相对缺乏，对于北京地区女性农民工的研究更是少见。然而，正是因为这些"一线"大都市甚至特大城市聚集了大量农民工，构成中国经济改革的风向标，所以，针对北京这个国际化大都市农民工的适应性研究更具典型性和代表性，而这类研究结果之少不能不说是一件令人遗憾的事。

另外，人与人的互动、人与社会的互动不仅是在一定的社会关系和社会结构中进行的，更是在一定的空间及地域里进行的。地域是人与社会双向运动的场所，人与社会的互动离不开现实的具体地域。而不同的地域有其不同的特点，因此不同地域中的人们行为也各有差异。北京、上海、广州这些大都市因其所处地理位置差异而在文化、经济、政治、社会等方面均呈现出不同的特点，各地的文化传统、居民职业结构、生活习惯方式、风土人情等都不尽相同。北京作为中国的政治、经济、文化中心，地处北方暖温带的华北平原上，其人口结构、城市化程度、工业化发展阶段、政治组织以及社会分层性质与地处东部的上海、南部的广州和深圳这些城市必然有明显差异，因此外来移民在城市生活和城市适应性等方面也必然存在差异，再加上外来移民在不同城市中权利和经济地位的分布不同，所有这些在一定程度上都决定了移民在迁入地的适应境遇。正鉴于此，本研究针对北京市的女性农民工，分析她们在北京的城市适应状况及其影响因素。

4. 研究理论

从研究理论上看，同流动人口迁移研究相比，对农民工的城市适应性或社会融入的理论研究还很少（杜鹏等，2005；刘传江、周玲，2003）。目前的社会适应理论主要是为了解决美国这一典型移民国家所面临的社会矛盾与冲突而提出的（李明欢，2000），国内学术界对包括农民工在内的流动人口研究主要是借鉴和简单应用西方相关理论，而西方学者的理论分析并不适合或者完全能够解释中国社会情境中的人口流动问题。如果用针对国际移民研究而提出的理论解释我国特有的国内迁移、流动现象以及农民工的适应性问题是有局限性的。另外，关于女性移民理论的研究不足。无论是国内移民研究还是国际移民研究，尽管存在诸多移民理论，但是关于女性移民理论方面的研究还是很少，缺少以女性视角进行移民研究的机制分析。

1.4　研究内容

1.4.1　研究对象

本书的研究对象是新生代女性农民工，即改革开放以后出生的女性农民工。"女性"、"劳动力"以及"农民工"构成她们的特殊身份。作为劳动力，她们与男性劳动流动人口以及城市劳动力相区别；作为农民工，她们从农村来到城市，外来者的标签将其与城镇劳动力相区别，和所有城市外来者一样，她们无法获得城里人享有的体制内机会及资源。

作为新生的一代，她们年纪较轻，同计划经济时代成长起来的年纪稍长的农民工相比，其成长的社会环境及家庭环境都有根本性的变化，这在很大程度上决定了新生代群体在文化、观念和行为上都与其父辈存在明显差别（刘传江、徐建玲，2006）。

作为女性，中国社会长久以来的父权制对其仍然有深远的影响。同男性相比，其性别特征使其更容易也更愿意接近并与城市人群建立起紧密的联系，也更容易融入城市里的日常生活。因此在以男性为中心的社会性别制度下，女性劳动力移民因其外来者的身份和性别身份，有别于城市人和男性劳动力移民，其城市适应过程有其独有的特点。

1.4.2　研究视角

本书针对女性农民工展开研究。社会性别是女权主义研究中一个广泛的核心概念。"社会性别"（gender）与"生理性别"

（sex）不同，前者是社会建构的男性与女性角色（刘伟，2009）。"男女所扮演的性别角色并非由生理所决定，而是由社会文化所规范的"，其揭示的是一个社会中劳动分工、社会活动等诸多方面都具有性别差异。本书在承认男女差异的基础上，将社会性别作为一个分析视角，用社会性别的眼光观察和分析社会、经济和文化等社会现象，通过实证数据分析女性农民工的城市适应性、城市居留意愿以及与男性农民工在诸多方面存在的差异。

1.4.3　研究内容

本书的研究内容具体包括以下几方面。

第一，迁移动因。从传统角度看，由于男性和女性扮演着不同的经济和社会角色，女性迁移更多的是出于社会和家庭原因，而男性则是出于经济方面的原因。20世纪70年代中后期，中国开始向市场经济过渡，这一过程是否使女性农民工的传统角色模式受到挑战？她们的迁移动机是否转向经济因素？本书利用数据分析北京女性农民工迁移的动因及其与男性的差异。

第二，城市适应现状。多数学者认为农民工的城市适应过程受到制度因素与非制度因素的双重阻碍，前者主要是户籍制度及与其相关的一系列制度安排因素的阻碍，后者包括农民工的文化适应力弱、人力资本缺乏、城市居民的歧视与排斥等微观因素阻碍。本书主要从微观层面分析在京女性农民工的城市适应状况，从经济层面、文化层面再到心理层面等诸多层面，对女性农民工的现代化大都市的生活现状进行解读。

第三，城市居留意愿的影响因素。研究首先利用mlogit模型分别分析个人层面、经济层面、社会层面、心理层面四个层面对女性留京意愿的影响；其次，分析男性农民工留京意愿的影响因素；最后，将女性的影响因素同男性的影响因素进行对比分析。

1.5 研究设计

1.5.1 数据来源

本书的数据源于 2012 年 6 月北京市团市委在北京开展的"北京市非京籍务工人员发展状况"的调查问卷。此次调查采用随机抽样方法，在北京市的 17 个区（县）抽取 56 个街道进行调查。收集数据时使用的是结构化问卷，所有参与者自愿并且匿名回答问卷。本调查共计产生有效样本 7268 份，本书选取其中男性农民工样本 3580 份，女性农民工样本 3593 份，95 个性别样本数据缺失。

1.5.2 研究方法

本书主要采用实证主义研究方法，包括利用人的五官，如视觉、听觉观察世界。因为这种方法依赖于能够转述和重复进行的感觉观察，所以可以减少由于个人偏见、情绪化成分和错误推理带来的问题，其他学者可以用同样的过程对观察结果的准确性进行检验。本书采用的具体方法如下。

1. 文献研究法

本书采用文献法查阅国内外学者有关移民适应性的相关理论研究及经验研究，为后文的实证分析打下坚实的理论基础，并且为后文的比较分析提供充足材料。

2. 问卷调查法

除了文献研究法以外，本书利用问卷调查法收集数据。通过问卷调查可以了解农民工迁移、适应与定居的总体状况，并对经验性的认知进行理解，该种方法也是最能体现实证主义特征的。

3. 比较研究法

本书在分析过程中，将女性农民工同男性农民工的相关数据进行对比。与此同时，还将本调查的分析结果同国内外其他学者的相关研究结果进行对比，以分析在京女性农民工的迁移、城市适应状况及留京意愿方面的特点，探讨影响女性农民工适应社会的不同因素及其与男性农民工的差异。从实证分析的角度看，对农民工进行性别之间、区域之间的比较是有意义的。

1.5.3　研究框架

本书的研究框架如图 1 - 2 所示。

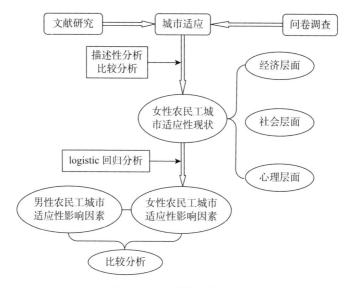

图 1 - 2　本书的研究框架

第二章　相关概念及理论基础

2.1　相关概念

本书的研究对象是在京的新生代女性农民工，现对其概念加以简要界定。

2.1.1　农民工

1996 年，中国社会科学院社会学研究所研究员李培林在其发表的《流动民工的社会网络和社会地位》一文中，主要使用"农民工"的称谓和概念，偶尔也使用其他称谓来代替，并从地域、职业和阶层三个角度界定"流动民工"的概念。"流动民工"是指从农村流向城市、从欠发达地区流向较发达地区、从农业流向非农产业、从较低收入的农业劳动者阶层流向其他收入职业阶层等人员。但是，如此界定的"流动民工"并未包含那些"离土不离乡"的农村务工者（李培林，1996：42~58）。

2.1.2　新生代农民工

新生代农民工与第一代农民工相对应。学者王春光（2001）首次提出"新生代农村流动人口"这一概念，并从出生年代、年龄、教育、务农经历、外出动机方面同"第一代农村流动人口"进行比较，认为第一代农民工与新生代农民工"不仅在流动动机上存在很大差别，而且在许多社会特征上也很不同"。参考已有研究中对新生代农民工的概念界定，我们将其定义为 1980 年以后出生的农民工。他们具有以下特点：仍然保留农村户籍但是不具有城市户口；大部分时间脱离农业生产，主要在城镇务工经商以赚取工资性收入（王宗萍、段成荣，2010：40）。该群体成长和受教育于 80 年代，其中许多人根本没有务农经历，于 20 世纪 90 年代外出务工经商。尽管该群体已经脱离农村耕作，在劳动力市场获得打工收入，但因其户籍属地仍是农村，因此尚不能摆脱"农民工"这一标签。

具体到本调查数据，研究对象是指 1980 年 1 月 1 日之后出生并于 20 世纪 90 年代后期来到城市打工、登记为农村户籍而在城镇就业的女性或男性群体。

2.1.3　女性农民工

女性农民工兼具的妻子、母亲、女性、移民、农民工这几种身份使其具有以下特点。

一方面，劳动力市场上的女性和农民工处于不利地位。女性农民工同时兼具女性身份与移民身份，尽管女性和移民在劳动力中发挥越来越重要的作用，但是这两者在经济上仍处于弱势。由于男女在社会中的分工不同，女性在社会中往往处于比较边缘的位置（吴小英，2002）。女性是性别，是先天存在、相对固定、无法更改的事实，正如从夫居的传统使得已婚女性成为家庭中的外来者一样，对于迁入地而言，移民是外来者，她们在迁入地与占主导地位的大多数人保持一定距离。她们中的大多数人在低端、次级劳动力市场中寻职。女性地位较低的特点不仅限制她们受教育和参加培训的机会，而且也妨碍其工作水平的提高，无论是在一般"外部"的劳动力市场还是在产业部门和组织内部的"内部"劳动力市场都是这样（Kats，1982：661）。

另一方面，女性具有独特的生理、心理特点及生命发展历程。

精神分析学的客体和关系分析理论表明，人格在两性中是存在差异的。男性和女性在生命的早期形成不同的自我概念和个人属性，这种属性会影响男性与女性后天的人际交往模式。女性更加倾向于关注自我的外部评价，倾向于有更多的关系，更注意并且关心周围人的感情和需要，包括取悦他人和被他人喜欢的愿望，女性的自我认同与周围的人纠缠在一起。而男人倾向于独立和个人化，他们的自我界限分明，与其他人判然分开（转引杨美惠，2012：75），男性更可能把重点放在工具性目标上。

　　具体来说，在情感方面，女性天生感情丰富、敏感多情，她们的感情比男性更深刻、细腻，因此导致女性比男性有更多的情感依赖。也就是说，女性往往对他人的需求更加敏感，通常会做出自我牺牲以适应他人。在压力方面，相对于男性，女性更加敏感或者更加脆弱。有调查表明，女性职业群体的工作压力比男性大（尚莉等，2008）。而这种压力上的性别差异往往被认为与社会角色有关，即压力要么与女性占据的不同角色有关，要么与角色分配的相关规范或社会期望有关（Turner，1999：361）。女性从事的家庭主妇角色被看作一个低声望、低回报的角色，相比之下，在家庭以外从事的工作似乎有更多的权利、声望、经济回报、角色认同以及满足感（Turner，1999：361）。在人际关系方面，女性更加重视人与人之间的关系，她们比男性更有可能强调并表现她们彼此之间的亲密关系，更容易进行彼此间的情感交流，对于人际网络中的困难反应比男性更加明显。研究者还发现，女性更多地受到发生在配偶、孩子、朋友身上负面生活事件的影响，而男性受这些没有发生在自己身上事件的影响则相对小得多（Turner，1999：362–370）。

2.2　相关理论

　　这里将与本书研究相关的理论分为三部分：迁移理论、城市适应理论以及性别相关理论。

2.2.1 迁移理论

流动人口研究中，迁移是一个男女有别的现象（Chant，1992；Bravo-Ureta et al.，1996；Yang and Guo，1999；Kanaiaupuni，2000）。如果将性别因素考虑进移民问题中，则需要从性别视角重新考虑移民的某些因素——经济机会、人力资本、家族关系以及移民网络（Chant et al.，1992；Kanaiaupuni，2000）。女性与男性的迁移是对经济和非经济机会的区域差异做出的响应。此处介绍的迁移理论主要有推-拉理论和结构主义。

2.2.1.1 推-拉理论

推-拉理论认为，人口迁移是正、反两方面共同作用的结果。迁出地和迁入地都存在推动、阻碍人口迁移的积极与消极因素。迁出地"推"的力量大于"拉"的力量，迁入地"拉"的力量大于"推"的力量，即形成人口的流动与迁移。

对于农村女性而言，由于农业机械化大生产以及土地的条块化，农业对于女性劳动力的吸纳能力有限，使得人口过剩，农业利润降低，导致的结果是当地要么缺少适合女性的就业机会，要么女性的劳动价值得不到应有的尊重和认同。而大城市里第二产业以及第三产业相对发达，对于女性劳动力的吸引力强，入职门槛较低，更加适合女性发挥其聪明才智，女性的劳动价值更能够得到认同。因此，推与拉的力量更容易使农村女性引发迁移的想法，迁移是其实现自我价值、寻求个人更好发展前景的一种途径。

拉文斯坦的移民法则认为，移民有从乡村到集镇、从集镇到小城市、从小城市到大城市的迁移倾向，主要是从农业地区迁移到工商业中心，主要动机以经济为主。但是即使是因为贫困，也存在性别差异。"贫困有一张女人的脸"，世界上70%的贫困者是女性，在几乎所有的情况下，妇女和女童对于贫困的遭受要多于男性（转引自 S. Sundari，2005：2301）。李（E. S. Lee）的人口迁移理论认为，迁移者在迁移过程中遇到不同程度的引力和阻力，迁出地、迁入地、迁移过程中的障碍以及个体特征等都会对迁移产生影响，男性与女性对此做出的反应不同。由于男性和女性扮演着不同的经济和社会角色，女性迁移更多的是出于社会和家庭原因，而男性则是出于经济上的动机而迁移。

　　然而，事实上，性别因素在劳动力流动与迁移中没有得到足够的重视。尽管有学者（如拉文斯坦）早在 19 世纪初就注意到男女在迁移中的差异，并在其著名的迁移规律中做出如下总结：女性主导近距离迁移。但是后来的迁移理论并没有在这方面继续发展，而是把其作为迁移选择性的一种表现加以笼统阐述（杨云彦，2001）。有关劳动力流动和人口迁移理论的一个基本假定是，男女具有相同的价值判断标准和行为方式，女性在迁移中主要处于一种从属地位，与赋予其的再生产、做家务和抚养儿童的社会角色相联系（Patricia，1998）。

　　2.2.1.2　结构主义

　　结构主义研究基于女性流动与区域、国家历史变革的关系，基于女性与性别化的劳动力市场关系以及与社会文化传统的关系，强调性别在生产力空间组织中的作用。结构主义分析方法认为，由于女性更多地需要扮演照顾家庭的社会角色，而且女性受到自身受教育程度等因素的制约，因此女性在劳动力流动和就业过程中处于不利地位。她们通常在非正规部门就业，或是在以家庭为基础的生产单位中从事非付酬的劳动。这种就业有较大的灵活性，女性能够兼顾家庭，然而，另一方面，她们更可能在劳动待遇、薪酬条件方面受到歧视。而制度分析学派理论则从家庭制度以外的社会制度，如社会分层所造成的影响进行分析：在一个男性占主要决策地位并在资源占用方面处于支配地位的社会，女性只能通过丈夫和儿子间接地实现对资源的使用，迁移中存在性别差异在所难免（杨云彦，2001）。

2.2.2 城市适应理论

纵观国内外理论，对于城市适应性进行直接论述的理论较少，这里介绍与之相关的理论——融入理论及社会资本理论，以解释个体的城市适应性问题。

2.2.2.1 融入理论

融入理论认为，新移民在迁移之初处于劣势，因为他们缺乏英语语言技能，缺乏教育（可用于美国社会或美国承认的教育），对迁入地社会的了解较少，因此很多人收入少，经济地位较低，而且社会地位也较低。随着在迁入地居住时间的延长、经济收入的提高、语言的适应以及文化上的认同，移民逐渐移动到地位较高的工作上，最终能够融入主流社会。一般来说，这种融入是长期的、累积的过程，既包括个体自觉的行为，也包括自发的日常生活决定。

但是人类学的研究表明，融入感知和城市经历因性别而有所差异（Hondagneu-Sotelo，1999；Pessar，1999a，1999b）。女性和男性在迁入地社会中遭遇的经历不同。虽然相关政策法规没有明确的性别歧视内容，但是外来人口往往受到性别在传统社会里扮演的定型化形象的影响，这种形象强化性别不平等，并导致城市融入结果的性别差异。传统观点是，男性往往占据经济主导的移民位置，女性在很大程度上作为家属而被承认。另外，在迁移过程中，男人的社会地位不会有太大改变，同男性相比，女性没有体验到地位的损失，而且通过就业和保护性机构可以获得更多的资源，女性有机会获得其在迁出地无法获得的资源，承担与迁出地不同的、新的角色和任务，即可能会遇到地位上升的情况，她们的能力和自信感提升，从而易于适应城市生活。正如 Pessar（1999a：586）总结的："现在有广泛的共识，女性移民从迁移和定居中获得一些有限的，尽管是不均匀，有时是相互矛盾的好处……"

2.2.2.2　社会资本理论

社会资本是个体或团体之间的关联——社会网络、互惠性规范和由此产生的信任，是人们在社会结构中所处的位置带给他们的资源。社会资本理论在人口迁移及移民适应中被广泛应用，被称为迁移网络理论。

迁移网络理论认为，迁移者若在迁移地有亲属或朋友等构成的移民网络，该网络不仅在迁移环节发挥重要作用，而且在促进移民个体的城市适应方面发挥重要的调适作用。移民网络的联系程度、迁移者自身的人力资本存量等因素决定其城市适应是否顺利。男性与女性的社会网络规模往往不同，再考虑到天然的性别差异，女性往往比男性更依赖社会网络，更愿意使用自己的社交网络。先于她们来到城市的亲属、同乡或同村朋友可以帮助她们解决住房、就业等问题，她们由此可以应对城市环境带给自己的不适应感，减少适应过程中的风险。

另外，通过社会网络起作用的一些机制（例如，利用网络提供信息和帮助）对于男女来说也是不同的（Hagan，1998）。在迁入地，在性别区隔的劳动力市场上，移民更有可能从与其同性别的移民中受益更多，为其提供更多的相关信息或联系。因此，社会网络导致的城市适应也因性别而有所不同。

2.2.3　性别相关理论

2.2.3.1　劳动力市场分割理论

劳动力市场分割理论又称为双重劳动力市场理论。迈克尔·皮奥雷（Michael Piore）于1979年提出的这个理论认为，发达国家的经济体系被划分为两个双重部门的劳动力市场——资本密集的第一部门和劳动力密集的第二部门，这种划分导致劳动力市场的层次化。第一部门的劳动力雇佣年限稳定、工资与福利较高、工作环境良好；第二部门的劳动力雇佣不稳定、工资低、福利有限、工作环境恶劣。发达国家的本地劳工对高收益、高保障、环境舒适的工作趋之若鹜，不屑于从事那些报酬低、危险度高、有伤脸面和有碍个人发展的工作，这使得发达国家在第二部门工作的工人短缺，对外国劳动力的需求大。

劳动力市场的区隔不仅体现在第一部门与第二部门的分工上，实际上，劳动力市场分割在男女流动人口上体现得更加突出。男性移民更容易找到建筑工地和重工业方面的工作，而女性移民更容易在劳动密集型的轻工制造业和家政行业找到工作。一方面，女性的体力以及生育、哺乳等对其就业以及在劳动市场上的表现有显著影响。尤其是在市场经济体制下，在企业自主经营的政策引导下，大多数雇主优先考虑男性雇员。另一方面，由于儒家文化以及传统的性别刻板印象影响，女性的位置在家庭之内，女性被模式化为照顾家庭的成员，被希望是主要的家庭照料者。另外，因婚姻、生育而中断就业后，大多数女性难以返回到之前受雇的单位，因而不得不转向工资低、待遇差、职业生涯短暂等非正规行业。事实上，由于女性移民劳动力占据的大多数是较低阶层的职业，而且人数众多，因此在劳动力价格和上升机会上受到很大限制（Dumon，1981：191）。现代化的劳动力市场上存在的性别分工与区隔，导致男女在生活观念、行为选择以及城市适应等方面存在不同。

2.2.3.2 社会性别理论

格·如本于1976年第一次提出"社会性别"的概念，随后被广泛运用到分析男女关系平等的问题中（王晓焰，2005），并逐渐形成社会性别理论。

社会性别理论认为"女主内、男主外"的社会性别角色不是直接取决于生理因素，而是建立在男性与女性之间的生物学差异的基础之上，是对生物决定论的否定。两性地位的不平等不是先天因素导致，而是由诸如社会文化习俗、教育、法律、传统观念等后天环境所致。社会性别理论由两性各自的社会特征与角色、社会文化对两性之间的影响以及男女两性之间的社会关系等构成

（王东平，2011）。男性可以在劳动力市场上保持优势，而女性的劳动生产价值贬值，这是由社会依据传统文化分别对男女两性劳动力做出的位置安排决定的，而不是由劳动力市场中的某些个人因素和个别行为决定的（王东平，2010：21）。因而，研究者倡导改变由后天因素造成的两性不平等的现状，认为女性有获取平等就业机会的权利。

虽然以上不同理论流派针对的是不同国家、不同文化背景的国际移民提出的，但是其理论对于国内移民研究有一定的借鉴价值。国内移民，无论是出于何种动机而迁移，在其来到迁入地时，他们最初总是要面对适应新环境、应对新环境的问题。本书将借鉴这些理论观点，对在京新生代女性农民工的城市适应状况进行分析。

第三章　迁移动机

流动人口对于城市的适应程度往往与其迁移动机密切相关。个体迁移，从全球范围来看受到经济、政治、环境因素的影响（Bonifacio，2012：1）。很多迁移理论认为，女性劳动力移民受经济因素驱使来到城市。但是，伴随着中国改革开放以及市场化进程的推进，女性劳动力移民的迁移动机呈现出多样化的特征。因此在探讨女性劳动力移民的城市适应之前，本书首先分析她们的迁移动机。

3.1　样本描述

本研究依托北京市团市委进行的调查数据，从中选取户籍为农村户口的男性与女性有效样本共计 7268 份，样本状况描述如表 3－1 所示。

表 3－1　农民工样本基本状况描述

单位：%，人

变量	变量说明	百分比		样本量	
		女性	男性	女性	男性
受教育程度	本科及以上 大专 高中（含职高、中专、技校） 初中及以下	12.8 20.9 35.8 30.5	9.8 16.8 36.8 36.6	3295	3341
	合计	100.0	100.0		

续表

变量	变量说明	百分比		样本量	
		女性	男性	女性	男性
年龄	17~20岁 20~25岁 25~30岁 30~33岁	7.8 36.5 40.5 15.2	8.3 33.7 39.8 18.2	3259	3298
	合计	100.0	100.0		
在外打工时间	1~5年 5~10年 10年及以上	59.1 28.8 12.1	55.2 30.1 14.7	3229	3261
	合计	100.0	100.0		
家乡所在地	东部 中部 西部	48.1 36.6 15.3	46.9 37.1 16.0	3285	3328
	合计	100.0	100.0		
婚姻状况	未婚有友 已婚 未婚无友 其他	31.6 38.3 29.2 0.9	31.2 35.5 32.6 0.8	3337	3376
	合计	100.0	100.0		

3.1.1 受教育程度

从表3-1中可以看出在京农民工的受教育程度。整体上看，女性受教育程度分布呈现出比较均衡的结构特点，初中及以下、高中、大专及以上的农民工数量大致相等，各占三成左右的比例。相比之下，男性农民工受教育程度分布呈现倒"T"形，即低学历多、高学历少，受教育程度为初中及以下、高中的占了绝大多数，二者共占男性农民工七成多的比例，而大专、本科及以上的男性比例急剧下降，分别只有16.8%和9.8%。同男性农民工相比，低学历（初中及以下学历）的农民工中，女性数量较少，而在高学历（大专、本科及以上）的农民工中，女性数量较多。

若把受教育程度根据对应年限转换为连续变量（原问卷调查的是受教育程度而非受教育年限，我们对其进行如下转化，初中及以下为 9 年，高中（含职高、中专、技校）为 12 年，大专为 15 年，本科及以上为 16 年，由此得到，女性平均受教育年限为 12.2246 年，标准差为 2.51658 年；而男性平均受教育年限为 11.7989 年，标准差为 2.57444 年，应用独立样本检验其差异，$t = 6.811$，$p = 0.000$，可见，在京女性农民工的受教育程度高于男性农民工，且具统计显著性。

国内其他学者也做过类似调查。研究针对河南省安阳、濮阳、南阳和许昌 4 城市 8 个村庄的女性农民工进行电话问卷调查（N = 856），结果表明，具有初中文化程度的青年女性农民工比例最高（57.1%），小学及以下文化程度的占 19.0%，高中文化程度的占 11.9%，中专毕业的占 7.1%，只有 4.8% 的人具有大学学历（孙朝阳，2009）。还有学者针对河北省外出农村劳动力进行调查研究，结果表明，无论是女性劳动力还是男性劳动力，其受教育程度都呈现"橄榄形"（两头小、中间大）的结构特点（王东平，2010：47）。有学者对 A 市女性农民工进行过调查，结果表明，受教育程度普遍集中在高中水平，占全部农民工的 42.3%，初中文化的占 34.6%，中专和大专及以上的分别占 13.5% 和 3.8%（刘鸿谕，2013：11）。国家统计局 2010 年的统计数据表明，新生代农民工中文化程度为中专、大专及以上的比例分别为 9% 和 6.4%，平均受教育年限为 9.8 年（转引自刘奉越，2012）。

可见，以上调查结果与笔者的调研数据具有一致性。通过比较以上数据，可以发现，尽管不同学者的调查时间、调查区域不同，但是我们能够从中看出一些趋势。在京女性农民工的受教育程度不仅高于在京男性农民工，而且也高于其他地区的女性农民工。这些结果提醒我们，一味简单地以"低素质"描述农民工，至少对在京女性农民工贴标签是不符合实际的。

3.1.2 年龄

衡量人口迁移结构的一个有效指标是年龄。从表 3 - 1 中可以看出不同性别农民工的年龄分布。女性中，20～30 岁的占到绝大多数，有近八成的比例（77%）。相比较而言，年龄较小以及较大的女性则分别只占 7.8% 和 15.2%。从分布上看，男性农民工和女性农民工的年龄分布具有类似结构，20～30 岁的男性占到绝大多数（73.5%），而年龄较小和年龄较大的所占比例很小。可以认为，无论是男性农民工还是女性农民工，20～30 岁都构成在京新生代农民工的主体。

另一方面，从平均年龄看，在京女性农民工为 26.1344 岁，标准差为 3.7814 岁；男性平均年龄为 26.3866 岁，标准差为 3.92051 岁。对其差异进行独立样本检验，$t = 2.651$，$p = 0.008$，结果表明，在京男性农民工的年龄显著大于女性农民工。国内其他学者也有类似结论，农村女性流动人口主体为中青年，平均年龄低于男性流动人口（苏群、刘华，2003；Roberts，2002；李旻、赵连阁，2008；扈海丽，1997）。

再来看国外学者的研究。有学者基于 1991 年的人口普查数据发现，泰米尔纳德邦有 133.58 万移民——87.53 万女性和 46.05 万男性，女性迁移人口占 65.53%，男性占 34.47%，女性移民数量超过男性；其利用哥印拜陀市、蒂鲁巴镇的 470 个样本及金奈的 485 个样本调查女性移民的趋势、模式和性质，女性移民年龄分布见图 3 - 1。从年龄上看，有近四成迁移女性年龄在 21～30 岁，在全部迁移女性中占比最高（Sundari，2005），其次是 31～40 岁，再次是 41～50 岁。迁移女性的年龄分布与本调查类似，20～30 岁女性是迁移的主力军。

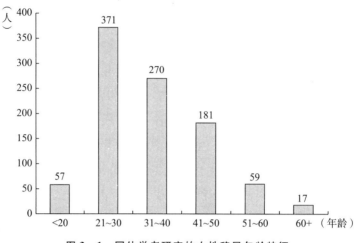

图 3 - 1　国外学者研究的女性移民年龄特征

3.1.3　在外打工时间

从表 3 - 1 可见，近六成的女性农民工外出打工时间为 1 ~ 5 年，近三成的女性农民工外出打工时间为 6 ~ 10 年，外出 10 年及以上的占 12.1%。相比较而言，男性农民工在以上三种时间年限上的比例分别为 55.2%、30.1%、14.7%。从平均值看，男性农民工平均外出年限为 5.91 年，标准差为 3.800 年；女性农民工平均外出年限为 5.58 年，标准差为 3.64 年。对其差异进行独立样本检验，$t = 3.535$，$p = 0.000$，可以看出，在京男性农民工在外打工时间显著长于女性。

3.1.4　家乡所在地

根据区域经济发展状况，本研究将家乡所在地分为东部地区、中部地区和西部地区。东部地区包括北京、天津、河北、辽宁、上海、江苏、浙江、福建、山东、广东、海南 11 个省、直辖市；中部地区包括山西、吉林、黑龙江、安徽、江西、河南、湖北、湖南 8 个省；西部地区包括重庆、四川、贵州、云南、西藏、陕西、甘肃、宁夏、青海、新疆、广西和内蒙古 12 个省、自治区、直辖市。由表

3-1 可知，无论是对于男性农民工还是对于女性农民工，来自东部、中部、西部的流动人口比例分别依次下降，男性从 46.9% 降至 37.1% 再降至 16.0%；女性从 48.1% 降至 36.6% 再降至 15.3%，即流动人口的家乡距离北京越远，其在京打工的比例越低。东部地区省份离北京更近，更具地理优势，因此选择北京作为其打工之地的人数也最多。从性别上看，来自东部的女性比男性高出 1.2 个百分点，来自中部的女性比男性低 0.5 个百分点，而来自西部的女性比男性低 0.7 个百分点。可见，同男性相比，女性更加倾向于近距离迁移，从而印证了拉文斯坦的人口迁移理论。

3.1.5　婚姻状况

关于女性农民工的婚姻状况，本次调查结果表明（N = 3337），未婚有友的占 31.6%，已婚的占 38.3%，未婚无友的比例为 29.2%，另外，离婚、丧偶等占 0.9%。再来看男性农民工的数据（N = 3376），未婚有友的比例为 31.2%，已婚的为 35.5%，未婚无友的比例为 32.6%，其他婚姻状况的为 0.8%。可见，无论是对于男性农民工还是女性农民工，已婚者都占到外出迁移者的绝大多数，其次是未婚有友，而未婚无友的农民工所占比例最低。

利用卡方检验分析得知，$\chi^2 = 9.660$，$df = 2$，$p = 0.008$，可见，在京男性农民工和女性农民工的婚姻状况差异显著，已婚女性的比例显著高于男性，单身中男性的数量显著多于女性。进一步分析已婚者与其配偶的居住状况，已婚女性中（N = 1256），配偶与其同在北京居住（包括在京工作和在京无业）的占 89.7%，配偶在老家务农的占 3.5%；而在已婚男性中（N = 1181），配偶与其同在北京居住（包括在京工作和在京无业）的占 68.3%，配偶在老家务农的占 7.9%。可以看出，同男性农民工相比，女性农民工配偶与其同在京的比例远高于男性，这表明女性更倾向于同其配偶一同迁移，形成夫妻迁移或举家迁移的模式。这同中国传统的婚姻家庭观以及夫唱妇随的婚姻模式有关，而更多的男性倾向于独自打拼。

3.2　迁移动因

　　"社会学家主要关心的不是动机而是客观的结果"（玛格丽特，
1989：31）。然而，在笔者看来，动机决定态度，态度决定行动。
只有充分了解行动者的主观动机，才可能对客观结果给予充分的
解释。农民工的外出动机与其适应城市生活的过程息息相关，迁
移动因是本书展开以下诸多研究的根本前提。国内学者关于迁移
动因提出农村劳动力剩余说（宋林飞，1995）、普遍贫困化说（孙
立平，2001）、向往城市生活说（王春光，2001）等。国内外还有
研究和理论表明，女性和男性一样，由于不同区域间经济以及非
经济机会差异而迁移（Lewis，1954；Todaro，1985，转引自 Canfei
and Patricia，2003：1221），个体之所以外出打工在很大程度上是
由于城市里能够获得更高的经济回报和更明朗的个人发展前景。
在京农民工群体的迁移动因也是这样吗？

　　本书针对"外出打工原因"的调查结果如表 3 - 2 所示。可
知，女性农民工外出打工的前三项原因及数量比例分别是：为了
获得更大的发展空间（29.8%）、为了挣钱（26.4%）、出去增长
见识（21.6%）。而对于男性农民工而言，外出打工的第一原因同
女性不同，女性外出是为了自己的发展，而男性外出则是为了赚
钱，有近三成比例（29.1%）的男性农民工出于经济原因而外出
打工，27.7%的男性为了获得更大的发展空间而外出打工，比例
位居第二，18.3%的男性农民工出去是为了增长见识。

表 3 - 2　外出打工原因

单位：%，人

外出打工原因	女性	男性
务农太辛苦	3.7	5.1
为了挣钱	26.4	29.1

续表

外出打工原因	女性	男性
在家没事可干	4.9	5.7
不愿过农民的生活	3.7	4.7
为了获得更大的发展空间	29.8	27.7
城市的生活条件更好	8.3	7.4
别人都外出务工	1.6	2.0
出去增长见识	21.6	18.3
合计	100.0	100.0
N	3269	3321

从以上结果可以看出，男性和女性外出打工的原因存在一定差异。女性的首要原因是获得更大的发展空间，其次才是赚钱；男性正好与女性相反，首要原因是赚钱，其次才是获得更大的发展空间，即女性视个人发展为第一要务，而男性的第一要务是赚钱养家。另外，女性因"为了获得更大的发展空间""城市的生活条件更好""出去增长见识"而外出打工的比例分别比男性高出2.1、0.9和3.3个百分点。这些数字表明，城市吸引力对于农村女性劳动力的影响更大，女性劳动力更容易被城市的生活所吸引。可以这样认为，年轻女性离开农村的迫切愿望，远不是贫困或农村剩余劳动力过多等所能解释的，同男性相比，都市生活对女性的吸引力更大。

从本数据可见，劳动力是否迁移与流动的因素存在显著的性别差异，即劳动力流动具有性别选择性。由于中国农村劳动力流动的主要特点是短期钟摆式流动，这种短期钟摆式流动具有非随机性，即影响男性流动的某些因素对于女性来说可能并不重要（Yang，1999，转引自姚先国，2009）。正如有学者分析认为，对于男人来说，劳动力移民主要是针对社会层面因素做出的一种回应，几乎不存在个人或家庭方面的预测能力。相比之下，对于女性来说，劳动力流动主要是由个体特征来决定的，宏观上的社会层面因素不如个体性因素那么重要（Yang & Guo，1999：929；He & Gober，2003：1223）。

现在将农民工外出打工的原因按照"推"与"拉"的方向进行如下分类，将"务农太辛苦""在家没事可干""不愿过农民的生活""别人都外出务工"四类归类为"推"的因素；将"为了挣钱""为了获得更大的发展空间""城市的生活条件更好""出去增长见识"四类归类为"拉"的因素。结果表明，女性农民工中，因"推"的因素而外出打工的占13.9%，86.1%的女性农民工由于"拉"的因素而决定外出。男性农民工中，由于"推"的因素而外出的占17.5%，82.5%的人受到"拉"的因素而外出。可见，无论是对于女性农民工还是男性农民工而言，城市"拉"的作用远远大于农村"推"的作用。而且，"拉"的因素对于女性的影响高出男性3.6个百分点，"拉"的作用对于女性的影响大于男性。从中我们似乎能够发现这样一种趋势，即尽管女性通常能够在农村安分守己地工作，勤劳耕耘，但是同男性相比，女性更加向往城镇生活，更能够被城市生活所吸引。

再来看其他学者的研究结果。关于外出打工的动因，可以大概归为两类，赚钱是首要原因。朱考金（2003）的研究表明，农民工来南京打工"以挣到更多的钱"为目的的占被调查对象的66.3%；李强（2003）的研究认为，农民工进城务工的核心驱动力是在城市获得更多的经济收入；王东平（2010：48～49）的调查研究结果表明，无论是男性农民工还是女性农民工，均把"城里赚钱多"作为外出务工的首选理由，比例分别为39.8%和28.9%。"看看外面的世界、开阔一下视野、学点东西"是位列第二的原因，男性和女性的比例分别为30.7%和27.5%。

另一类是开阔眼界、见世面。有学者对烟台打工妹的调查表明，外出打工动因位列前三位的分别是：见世面（40.4%）、跟风随大流（22.9%）、自己攒嫁妆（15.2%），而赚钱只是位列第四（林青，2009：17）。还有结果表明，20世纪90年代以后，除第一位的经济动因之外，农民工外出的心理因素变得重要起来，"外出见世面"作为进城原因的比例在两次调查中都超过50%（李强，2003）。

再来看针对北京外来人口的调查。有学者根据2006年"北京市1‰流动人口调查"数据分析北京市流动人口离开老家外出流动的原因（翟振武等，2007：34）。结果表明，"为了挣更多的钱"是流动人口从老家出来的最主要原因（38.8%）；因为"老家太穷"而外出的流动人口比例为22.8%；为了"挣口饭吃"的流动人口占9.5%。可见，这些流动人口从老家出来的原因以经济因素为主，即这些人主要是在农村经济收入低下等"推力"因素的作用下离开老家的，属于典型的"生存型"流动人口。

再来看国外的相关研究结果。宾夕法尼亚大学社会学系的三位学者发表研究指出，男性更可能因为个人经济回报与发展等"利己"动机而出外打工，而女性更可能因为帮助家庭等"利他"原因而选择离开故土。[1]

有研究者使用近年中国农村教育研究数据——甘肃儿童与家庭调查（GSCF）数据进行分析。该调查组从2000年起开始追踪甘肃省20个县的2000名农村儿童，分别在2000年、2004年、2007年及2009年进行4轮数据收集。截至2009年，受访者年龄为18～21岁，其中大约一半的人已经外出打工。研究者把促使农村年轻人外出打工的因素分为三类：个人经济动机、利他主义动机（即支援家庭），以及与经济无关的个人发展动机。研究发现，在控制其他变量之后，男性打工者比女性打工者更可能将个人经济回报列为首要动机，而在"为家庭成员支付医疗费用"这一利他动机上，男性与女性的选择较为接近。但是，女性比男性更可能将"为家庭成员支付学费"作为首要动机。此外，家中若有姐姐，那么受访者将学费列为首要动机的可能性会降低。大部分打工者都

---

[1]　http://cnpolitics.org/2015/04/gender－and－youth－migration/.

十分重视超出直接经济回报的"个人发展与提升",但男性比女性更加强调这一点。研究者指出,尽管年轻打工者中性别比例看似平衡,但男性与女性很可能是出于不同的原因而选择离开家乡。相比之下,女性的利他主义动机更为强烈,而男性在经济与非经济方面的利己动机更为强烈。此外,打工者希望获得的并不仅仅是经济回报(Chiang,Hannum,& Kao,2015)。

根据以上诸多学者针对不同地域流动人口进行的研究结果,可以发现,经济因素是驱动农民工外出的一个主因,但并非第一主因,至少对在京女性农民工来说不是如此。事实上,我们知道,中国"三农"问题的实质是贫困问题。对于外出打工者来说,"赚钱""帮助家里"等肯定是促使其外出打工的重要原因,这是很常见的动机。在京新生代女性农民工的确受到经济因素的驱使,但是这并非其最主要的动因。在多样性的外出动机中,为了自身发展才是该群体外出的首要原因——对城市生活的渴望、发展自己、开阔视野、锻炼独立能力等对其有更大的吸引力。

中国有很多充满经济活力与生活魅力的城市,农民工外出打工也可以有很多选择之地,这些外来者为何选择来北京呢?在分析农民工外出打工的原因之后,再来分析他们为什么选择北京作为打工地点。针对"来北京打工的原因",调查结果见表3-3。从中可见,女性农民工来北京的主要原因中位列前三的分别是:"北京机会多""个人能见大世面""北京有亲戚",比例分别是25.2%、14.0%、13.3%。相比较而言,男性农民工来北京的主要原因中位列前三位的分别是:"北京机会多""个人能见大世面""北京是首都",比例分别是23.9%、15.5%、13.8%。另一方面,分别只有8.6%和11.3%的女性农民工和男性农民工将"北京比别的地方容易挣钱、挣钱多"作为其来京打工的原因。以上数字再次表明,同男性相比,女性农民工来京受到经济因素的影响较小。

表 3 – 3　来北京打工的原因

单位：%，人

来北京打工的原因	女性	男性
北京有亲戚	13.3	9.5
北京有老乡	8.6	11.7
北京比别的地方容易挣钱、挣钱多	8.6	11.3
北京是首都	13.2	13.8
北京离家乡近	8.8	7.9
北京机会多	25.2	23.9
个人能见大世面	14.0	15.5
为了孩子更好地发展	6.8	5.3
其他	1.4	1.1
合计	100.0	100.0
N	3291	3339

从表 3 – 3 中还可以看出，除了机会多与个人能见大世面之外，女性来北京的另一个原因是北京有亲戚（13.3%），男性的另一个原因是北京是首都（13.8%）。这表明，女性和男性选择北京作为工作生活目的地的原因在某种程度上存在一定差异。女性由于北京有依靠才选择来到这里，可见女性的依赖性更大，而男性则更具独立精神，更想到外面的世界去闯一闯、看一看。

再来看其他学者对女性农民工到北京打工的动机研究。40.4%的女性向往城市的生活方式，想见世面；28.8%的女性认为农村没有发展机会，外出是为了寻求个人发展；而选择挣钱养家的占到全部女性的 9.6%（刘鸿谕，2013：10）。

从以上分析可知，"北京有亲戚"是女性进城的主要途径之一，但不是男性进城的主要途径。这一结论与其他学者研究结果一致，"社会亲情网络"在女性进城途径中占据主要位置（程名望、史清华，2006）。正如有学者的研究表明，女性外出打工的特点是：她们很少独自一人单枪匹马来到城市，通常是因为已经有亲戚或朋友在流入地打工，她们来到城市后一般都有住所，工作也有着落。许多人在迁移之前就已经找到工作（Meng, 1998）。当她们到达目的地之后，可以从亲朋和老乡处短期住宿，从而确保个体的人身安全。如果大城市里没有亲戚或朋友，她们会三五成群地与同村姐妹或同学一起来到城市。也就是说，女性在来城市之前就有了比较强的家庭和亲朋网络，这使她们更容易克服到来初期的不适应（周莹洁，2008）。这表明，农村女性对社会关系的依赖比男性更强，她们多从亲戚、朋友和老乡处获取就业和市场信息。而男性对亲戚、邻居等社会网络的依赖较弱，他们更愿意依靠自己的能力到城镇去打拼。

从国际上看，女性移民的原因各不相同。Hsia Diner（1983）以 19 世纪的爱尔兰移民妇女为研究对象，专注对女性的流动迁移原因和后果的研究。当时整个欧洲正在经历从农业封建社会到工业资本主义社会的过渡，贫穷、没有土地、社会和经济混乱由于 19 世纪 40 年代末的大饥荒而更加严重，再加上单一的继承制和单嫁妆体系，爱尔兰未婚和晚婚家庭日渐增多。来到美国的移民中，超过一半是爱尔兰妇女，世纪迁移基本上成为女性的群众运动。Hsia Diner（1983：4）的研究表明，迁移的根本原因是爱尔兰的社会和经济条件——爱尔兰对女性的吸引力越来越小。女性很少有结婚或就业的机会，许多人不得不背离她们出生的土地。因此，不只是饥荒和贫困，而有杰克逊（1984：1007－8）所谓的"土地－家庭－婚姻环环相扣的关系"促使妇女迁移（转引自 Pedraza, 1991：312）。

还有学者的研究表明，年轻单身女性具有利他主义精神，她们到海外工作的动机主要是支持她们的家庭。在菲律宾，延展性的亲属关系十分盛行，因此年轻女性不仅愿意支持其父母和弟妹，还有她们的侄子、侄女和祖父母。然而，同已婚女性相比，年轻菲律宾人移民的部分原因是挣钱供养自己的未来。在斯里兰卡，年轻单身女性迁移的目的是帮助她们的家庭成员。在当地嫁妆是女性全家一个较大的财政负担。因此，女性往往希望自己能够赚到一大笔钱（Oishi，2002）。

由此可见，在京女性农民工外出的动机不仅与在京男性农民工不同，而且与其他城市的女性农民工也相异，同国外女性更是有别。正如人口迁移理论所论述的那样，迁移者在迁移过程中遇到不同程度的引力和阻力，不同人群对此做出不同的反应，个体特征对于其是否决定迁移以及迁移地点的选择都会有不同的影响。

3.3　迁移途径

在迁移距离上，一些农村女性只是在农闲时到邻近城市打工，她们参与的是季节性迁移，属于短距离迁移，也即非永久性迁移。有学者研究发现，女性由于婚嫁等社会原因而发生的短距离迁移向以谋求经济利益为特征的长距离迁移转变（Fan，1999：954-988）。对于非永久性迁移者而言，她们根本无意在城市长期生活，因此也就谈不上城市适应问题。只有那些进行长距离迁移并且决定在城市久居的女性，才涉及城市适应问题。

本书利用"你目前的工作是通过什么方式获得的"了解在京农民工就业的途径（调查结果见表3-4）。数据呈现的大致趋势是，无论是男性农民工还是女性农民工，有四成左右的人是通过自己的努力在北京寻找工作的。对此可以这样理解，在京农民工通过劳务市场、劳务中介等机构实现发展个人的目标，这说明务工者的自主因素在寻求工作机会方面占主导地位，而且自己寻找工作的女性农民工比例比男性农民工高出4个百分点之多。可见这些女性并不满足一辈子"面朝黄土背朝天"的农村生活，越来越多的女性农民工开始具有独立性与自主性，她们渴求自身的发展，有着实现自我价值的强烈渴望，更愿意依靠自己的能力和努力到城市里打拼，希望能够改变自己的命运。除此之外，依靠朋友或老乡、亲戚介绍来京工作的女性农民工比例和男性农民工比例分别为 44.8% 和 48.3%，这表明除了依靠自己的努力之外，血缘、地缘、学缘等因素对于农民工寻找工作也是相当重要的一个途径。

同时，调查结果也表明，通过"用工单位到家乡招工"和"家乡劳动部门组织输送"这两种方式找到工作的男性农民工与女性农民工的比例分别只有 3.9% 和 4.7%。可见，近年来，在农村劳动力向城市转移的过程中，尽管有关部门不断呼吁和提倡"引导农村富余劳动力合理有序地转移"，但是各级政府及各类组织发挥的作用还相当有限。

表 3 - 4　在京农民工的迁移途径

单位：%，人

工作途径	女性	男性
自己找的	41.9	37.9
朋友同学介绍	19.8	19.4
亲戚老乡介绍	25.0	28.9
原来的老板介绍	2.0	3.7
北京人介绍	3.6	3.2
用工单位到家乡招工	3.0	3.2
家乡劳动部门组织输送	0.9	1.5
其他	3.8	2.3
合计	100.0	100.0
N	3836	3994

再来看其他学者的相关调查。表 3 - 5 是不同学者在不同时点上针对不同地区农民工的迁移途径进行的调查结果汇总。考虑到调查时间的不同，再加上不同学者的研究目的差异导致统计口径及统计方式不尽相同，我们无法对其进行严格意义上的比较，但是其呈现出来的趋势还是可见一斑。数据表明，无论是第一代农民工还是新生代农民工，其跟随亲属或同乡出去打工的比例最高。但是随着时间的推移，以这种途径进入城市的比例逐渐降低，依靠自身的努力这一途径将取而代之，渐渐成为农民工进城的主要

途径。可见，同父辈相比，新生代农民工更具独立自主性，更加渴望通过自己的努力改变命运。

表 3-5 其他学者的农民工迁移途径研究结果

单位：%，人

	广州（2007年）	北京（2006年）	上海（2011年）	泉州（2011年）
对象	男性及女性	男性及女性	女性	新生代
亲属老乡介绍	58.7	59.6	42.1	47.6
政府与用工机构	10.3	2.2	–	–
招聘	2.4	–	30	6.1
其他	3.5	1	–	12.2
自己找的	25.0	37.1	–	34.1
N	817	4078	1116	–

注：–表示该研究没有此选项。

资料来源：广州：姚华松等，2008：261；北京：翟振武等，2007：34；上海：蒋俊，2012：20；泉州：陈强，2011年2月23日。

3.4 迁移动因对适应性的影响

动机决定态度，流动人口的迁移动因在一定程度上决定其能否很好地适应城市生活。人口迁移的推-拉理论认为，个体可能由于受到推的因素也可能由于受到拉的因素而向城市迁移，同那些由于农村推的因素而进入城市的流动人口相比，那些受到城市拉的因素而来到城市的个体更愿意主动贴近城市生活，遵循城市人的行为规范，从而更快地适应城市生活，即那些从主观上认同城市社会的个体在适应的过程中更容易获得成功。有学者从社会认同视角分析流动人口的城市适应问题，认为社会时空和社会记忆是其中的重要因素。"时空结构是社会的基本结构，或基础性结构，它参与形成和建构了社会的生产和再生产结构（物质的和文化的，如马克思和布迪厄等人所研究过的），以及形形色色的制度结构和观念结构（如社会学家通常所研究的）"（景天魁，1999）。社会记忆使社会时空具体化，人们总是凭借这样的记忆（或经验）确定自己的行为，建构自己对周围的认识，这成为人们生活和行动的一个重要维度，即社会时空与社会记忆的相互作用，对于个体的社会认同会有影响，并影响个体的行为选择和价值取向，进而影响其社会适应状况。

本章小结

本章对女性农民工样本的基本状况进行描述，从受教育程度上看，女性农民工显著更高；从年龄上看，21～30岁构成在京新生代农民工的主体，女性平均年龄显著更低；从外出打工的时间上看，女性农民工更短；从家乡所在地看，男性农民工与女性农民工都显示出相同的趋势：其家乡离北京越近，越倾向于在北京打工，然而，同男性相比，女性更加倾向于近距离迁移；从婚姻状况上看，同男性迁移者相比，女性更倾向于同其配偶一同迁移，形成夫妻迁移或举家迁移的模式，而男性则倾向于独自打拼。从迁移动因上看，相对于经济动因，在京的女性农民工更加看重自身的发展。

第四章　城市适应性现状

城市与乡村在当代文明中代表着相互对立的两极。早在 19 世纪，古典社会学家涂尔干和滕尼斯就从宏观层面上分析城乡的生活差异："法理社会" vs "礼俗社会"、"有机团结" vs "机械团结"。齐美尔则把城市看成是精神生活与现代文化交错的网络群体结构，韦伯认为城市包括各种复杂的社会关系与社会组织。社会学芝加哥学派的代表人物沃思认为，城市具有不同于乡村的一套社会与文化特征（Wirth，1938：1 - 24）。

城市与农村的社会人际关系不同。农村的人际关系以血缘、家族作为连接人与人的基础，人际互动频繁，交往具有一定的深度。城市的人际关系具有契约性、非人格化和正式性的特点，人际互动具有短期性、广泛性、表层性的特点，是一种无情感的交往形式。

城市与农村的生活方式不同。正式的社会组织以及法律、法规、政策等正式机制对城市成员的日常生活起到联结作用，而非血缘、习俗等非正式机制对农村成员的日常生活起到控制作用。竞争、优胜劣汰成为城市生活的一种常态，生活节奏快、忙碌成为城市人的特点。

城市人与乡村人的思维方式不同。芝加哥学派的帕克认为，城市人已经形成其自身特有的城市心理，与农村人心理迥异。城市人的思维方式是因果式、理性的；而农村人的思维方式是自然主义、幻想式的（帕克等，1987：269）。

总之，城与乡有各自的利益、兴趣，各自的社会组织和各自的人性特点（帕克，1987：275），因此外来农民工从农村进入城市，不仅是地理空间上的转移，更是生活方式、价值观念、社会心理等全方位的转变，在与城市文化的接触过程中，传统的价值观念必然受到洗礼和冲刷（金耀基，1999：107），这势必造成其初入城市的不适感，甚至是紧张和焦虑。空间与角色的改变要求外来者以城市生活作为参照，不断调整自己的行为方式，将曾经结合紧密、以家庭为根基的传统文化抛离，以便适应一个个体主义的、极具竞争性的世界（符平，2006：154）。在逐渐适应城市社会环境的过程中，为城市主流社会所接纳，最终融入城市生活。

无论身处何种情境中，人们都要学会那些能够使他们的需求获得满足的行为模式，而且人类最重要的一种满足是对社会处境的适应（特纳，1988：431）。外来农民工不仅需要适应城市生活，而且这种适应过程也是可能的。根据斯金纳的观点，人类个体能够根据外界环境对其操作性行为进行选择性的、评价性的反馈，建构符合环境要求的行为方式。当个体的某种操作性行为正好填补环境要求与其自身需求之间的鸿沟时，自身与环境之间的不均衡状态便可以消除，从而解决适应问题。当这一过程不断得以重复时，针对某一社会情境的适应性行为就得以形成。所以，农民工的城市适应不仅是必要的，而且也具有可行性。

基于前文的分析，本书将农民工的城市适应概括为以下三个方面：经济层面、社会层面和心理层面。经济层面的适应涉及职业、收入和消费等状况；社会层面的适应包括生活方式和社会交往等方面；心理层面的适应则涉及观念、心理和意愿等方面。本章从比较的视角出发，分别从这三个方面对在京女性农民工的城市适应现状进行描述。尽管男性农民工和女性农民工的城市经历存在许多共同点，但是其城市适应还是有区别的。

4.1 经济层面

进城农民工从乡村来到城市，其谋生方式已经发生改变——从向土地讨生活转为通过自己的劳动使自己在工业化的城市里生存，由于其失去以往赖以生存的根基，因此能否获得相对稳定的职业，势必影响流动人口的城市适应。经济层面适应性的主要测量指标包括职业分布、工作时间、收入与结余状况、消费结构、工作满意度等方面。

4.1.1 职业分布

女性农民工的就业状况，特别是行业分布特征已经引起学者们的关注。职业可以为她们提供广泛的社会接触，提供遵守团体规范的机会，直接决定她们对这个城市的主观认同与适应程度，影响她们的城市适应行为和城市适应状况。正如有研究表明，如果难以获得工作生活将会降低她们的适应性（Neuwirth，1987；Thomas，1990）。然而，由于女性农民工在城市里普遍受到针对"农村人"和女性的双重歧视，她们的就业具有相当大的局限性，"中国传统的性别文化、分工以及资源、机会等的不平等占有对女性农民工权益造成严重侵害，性别差异明显"（姜山、戚晓明等，2008）。

表4-1是在京女性农民工及男性农民工从事的行业分布。从数据上看，女性最为集中的行业有三种（比例超过10%，"其他"行业除外），分别是住宿餐饮业、批发零售业及制造业，其对应的女性从业人员比例分别为29.1%、15.3%和13.2%。可以发现，有八成多的女性集中在第三产业，不到二成的女性从事第二产业。

对于男性来说最为集中的行业有四种，分别是：住宿餐饮业（21.5%）、建筑业（15.6%）、制造业（13.2%）、批发零售业（12.2%）。和女性不同，有近三成的男性在第二产业的行业中工作，比女性高出10.3个百分点。利用卡方检验可知，男性农民工与女性农民工从事的行业显著不同，同男性相比，更多的女性从事的是第三产业。

同男性一样,女性农民工在职业分布上也具有集中性。整体上看,女性从事住宿餐饮业、娱乐业等服务性行业的数量要多于男性,这些行业的门槛很低,要求入职者年纪轻、形象好。在如餐馆和旅店等服务性行业中,年轻女性要比年长女性更具吸引力,年龄和性别需求在招工广告中总是很明显。然而这些并非城市社会的主流职业,劳动强度高、工作条件较为艰苦,尽管这些工作是城市经济繁荣、大都市正常运转过程中必不可少的,却是北京市民不屑于从事的。

表 4 - 1　农民工行业分布

单位:人,%

产业类别	行业类别	女性		男性	
		频次	百分比	频次	百分比
第二产业	建筑业	172	5.3	515	15.6
	制造业	430	13.2	437	13.2
第三产业	住宿餐饮业	946	29.1	712	21.5
	租赁和商务服务业	205	6.3	186	5.6
	家政业	26	0.8	14	0.4
	批发零售业	498	15.3	403	12.2
	其他居民生活服务业(如理发、修理、清洁等)	257	7.9	351	10.6
	交通运输业	16	0.5	37	1.1
	信息咨询业	59	1.8	51	1.5
	公共事业	96	3.0	96	2.9
	娱乐业	56	1.7	59	1.8
	健康产业	37	1.1	21	0.6
	金融业	18	0.6	18	0.5
	出版广告业	43	1.3	29	0.9
	保险业	13	0.4	15	0.5
	其他	382	11.7	364	11.0
合计		3254	100.0	3308	100.0

续表

产业类别	行业类别	女性		男性	
		频次	百分比	频次	百分比
相关性分析	χ^2	249.672			
	df	15			
	sig.	0.000			

再来看其他学者的相关研究。2006 年针对上海市浦东新区外来女性的就业行业分布调查结果表明，超过一半的外来女性在制造业部门工作；位居第二的是批发零售业（16.5%），两者合计占 71.7%；排名第三的是居民服务（即家政服务）和其他服务业，占 7.1%；住宿餐饮业的比例也较高，位列第四，占 6.2%（贺水金，2009：103）。还有学者利用上海市妇联 2011 年 7 月组织开展的"来沪常住女性社会融入与社会保护状况调查"的数据分析其行业分布情况（蒋俊，2012：21），结果表明，来沪的外来女性主要集中于制造业（22.1%），批发零售业（18.8%），家政、居民和其他服务业（16.4%），住宿餐饮业（11%）等劳动密集型行业。可见，大都市里的女性农民工从事的行业具有一定的趋同性。

农民工行业分布也反映在北京市产业结构的变迁上。劳动力流动和地区产业结构变迁是改革开放以来北京市经济增长的两个重要支撑因素。经济学中的"配第 - 克拉克定律"和库兹涅茨法则认为，随着经济发展，劳动力流动遵循先由第一产业向第二产业进而向第三产业的梯次流动规律（纪韶、朱志胜，2014）。

有研究表明（纪韶、朱志胜，2014），自改革开放以来，北京市的产业结构和就业结构一直处于高度化和合理化发展的双通道中，北京市产业结构合理化和高度化水平均位列全国第一，已经基本达到世界发达国家或地区的同等水平。具体表现为，北京市第三产业产值和就业所占比重持续上升，第一产业就业所占比重和第二产业产值所占比重持续下降。2012 年，第三产业增加值占地区生产总值的比重达到 76.4%。"十二五"时期，北京市委、市政府提出"做优一产、做强二产、做大三产"的战略目标,客观地呈现了北京产业结构优化升级的发展要求。数据显示,北京的三产比重居全国首位,比上海、天津、重庆分别高 16.4、29.4 和 38.5 个百分点,达到世界发达国家的平均水平(70%～80%)。其中,工业、建筑业比重持续下降,从第三产业的内部结构看,在第三产业中位列前五位的行业有批发零售业、租赁和商务服务业等。① 而从事这两种产业的人员中,同男性相比,女性无疑更具优势。

总之,无论是男性农民工还是女性农民工,绝大多数从事的是第三产业,可以这样认为,她(他)们为顺利实现"十二五"时期北京市委、市政府提出的"做大三产"的战略性目标,做出了很大贡献。尽管如此,从政策层面上看,2013 年 11 月,中国共产党第十八届中央委员会第三次全体会议通过的《中共中央关于全面深化改革若干重大问题的决定》提出,要严格控制特大城市人口规模。自此,北京为了将常住人口控制在一定规模,展开清理外来人口的行动。一方面,在京企业受到鼓励,要提高北京户籍劳动者就业比例,政府通过就业对外来人口进行控制;另一方面,出台收紧人口进京指标、清理打工子弟学校等措施。随着北京严控外来人口的政策进入落实阶段,在今后的一段时间里,外来人口的日子将越来越难过,大量的外来人口很可能被迫离开北京,对于在京工作甚至适应城市生活的农民工来说,这是一个较大障碍。

再从国际方面看,女性移民在职业上也呈现集中趋势,但是在一个更小的选择范围集中。在某些社会里,女性移民集中在几个行业:家庭佣人、服装行业、要求高技能的服务行业(如护理工作)。Diner 认为,绝大多数单身爱尔兰女性之所以进入家政服务行业,因为这种职业是"劳动真空",其他人不愿意做这种工作。在本地人——盎格鲁－撒克逊新教女性看来,这种工作低贱。

---

① http://data.bjstats.gov.cn/2013/tbbd/201305/t20130506_248238.htm.

而服装行业依赖于传统技能，这种工作在全世界大多数地区都被界定为女性工种，而且依赖于分包，由于女性能够在家里照看孩子的同时完成工作，所以女性在接受低工资和剥削的条件下从事这种工作（Hao，1976，转引自 Pedraza，1991：314－316）。另外，基于欧盟五城市（雅典、巴塞罗那、柏林、博洛尼亚、巴黎）的调查研究表明，随着人口老龄化、家庭结构变迁、新的社会及文化生活方式的出现，对于家政人员的需求量日益增加，欧盟目前约有 100 万外来家政人员（Eleonore，1999：269－299）。

4.1.2　工作时间

本次调查的女性农民工样本中，37.3% 的人每周工作 5 天，34.8% 的人每周工作 6 天，23.9% 的人每周工作 7 天（还有 4% 的女性每周工作少于 5 天），总体上看，在京女性农民工平均每周工作 5.77 天。相比较而言，30.5% 的男性每周工作 5 天，33.1% 的男性每周工作 6 天，33.1% 的男性每周工作 7 天（还有 3.3% 的男性每周工作少于 5 天），男性农民工平均每周工作 5.94 天。应用独立样本 t 检验分析其差异性，$t = 7.581$，df = 6307，sig. = 0.000，女性的工作天数显著少于男性。

再来看每天工作时间。20.3% 的女性每天工作 8 小时以下（含 8 小时），54.9% 的人工作 8~9 小时，19.3% 的人工作 10~11 小时，还有 5.5% 的人每天工作 12 小时以上，总体上看，在京女性农民工平均每天工作 8.5 小时以上。从该数据中我们还可以进一步计算得出，女性农民工平均每周工作 49.05 小时。对于男性农民工来说，有 21.9% 的人每天工作 8 小时以下（含 8 小时），48.3% 的人每天工作 8~9 小时，21.8% 的人每天工作 10~11 小时，还有 8.0% 的人每天工作 12 小时以上。总体上看，在京男性农民工平均每天工作 9.11 小时，平均每周工作 54.11 小时。卡方分析检验结果表明，$\chi^2 = 39.965$，df = 3，$p = 0.000$，可见，男性的日均工作时间显著长于女性。

总之，从以上数据可知，男性农民工和女性农民工平均每周工作近 6 天，女性每天工作时间在 8.5 小时以上，男性在 9.11 小时以上。在京农民工的工作强度可见一斑。

再来看其他学者的相关调查。有学者基于 2006 年和 2008 年"中国社会状况综合调查"的研究结果发现（李培林、李炜，2010：121），2006 年农民工每周平均工作时间为 56.6 小时，2008 年每周平均工作时间为 56.2 小时。在这两个调查年份里，分别有 81% 和 77% 的农民工每周实际劳动时间超过 40 小时，约 1/3 的农民工每周工作时间在 60 小时以上。

有学者以天津市农民工为调查对象进行研究，结果表明，男性平均工作时间为 9.61 小时/天，其中每天工作 8 小时的劳动者所占比例最高，为 36.0%；女性平均工作时间为 9.79 小时/天，其中每天工作 10 小时的劳动者所占比例最高，为 31.3%，女性流动人口不仅平均工作时间长于男性，而且比例最高的工作时间比男性多出 2 小时（杜平，2006：22）。针对深圳市女性流动人口的研究表明，只有 13.59% 的女性每天工作不超过 8 小时，工作时间每天在 8~10 小时的占 49.51%，还有 31.07% 的人每天工作时间在 10~12 个小时，甚至还有 5.83% 的人工作时间在 12 个小时以上（欧阳静，2011：24）。针对浙江省青年农民工的调查表明，该群体平均每周工作 6.39 天，每天工作 9.37 小时（范晓光，2008）。针对 2006 年城镇就业人员周平均工作时间的调查结果表明，建筑业工人平均每周工作 51.3 小时，住宿餐饮业从业人员平均每周工作 54.4 小时，批发零售业从业人员平均每周工作 52.5 小时①。在学者进行的个案访谈中，被调查者说："工作时间太长，休息时间太短，有时从早 8 点工作到晚 8 点，有时从早 7 点工作到下午 2 点，再从下午 4 点到晚上 10 点，还经常加班，时间不确定。"（张

① http://www.stats.gov.cn/tjsj/ndsj/laodong/2006/html/01-68.htm，遗憾的是 2012 年统计年鉴中没有相应数据。

凤华，2007）可见，在外来务工人员中，无论是女性还是男性，劳动时间普遍过长。

工作时间是劳动者在企业事业单位、机关团体中，完成其所承担工作的时间。工作时间的长短不仅反映出女性农民工的劳动强度，而且也体现她们适应城市生活的程度。《劳动法》以及1995年3月25日经国务院修改的《国务院关于职工工作时间的规定》第三十六条规定："国家实行劳动者每日工作时间不超过八小时，平均每周工作时间不超过四十四小时的工时制度。"从本次调查和其他学者的调查数据可知，女性农民工和男性农民工的周平均工作时间远远高于国家法律规定的小时数，农民工依法律所规定的工时和休息的权利无法得到保障。

本章试分析其原因如下。工作性质的不同致使对劳动者工作时间的要求也不一样。绝大多数女性农民工集中在服务性行业，这些行业本身对工作时间的要求很高。对于从事餐饮业及商务服务业的大部分女性来说，他人的休息时间——周末、节假日及工作日结束的稍晚时间才是她们的服务及销售的重点时间，这使女性农民工的工作时间远超出正常的8小时。对于从事建筑行业的男性农民工来说，为了赶工期、早日完成施工任务，在休息日、法定假日被要求加班是很正常的事。另一方面，农民工通常在非正规部门就业，企业老板有较大的人事自主权，一些雇主出于对雇佣成本的考量，宁可延长员工的工作时间，也不愿意增加员工数量。相关劳动权益以及国家的法令法规难以有效涵盖这些就业领域，这也是农民工工作时间超出法律规定的原因之一。

4.1.3　收入与结余状况

城市生活有别于农村生活。齐美尔认为大都市以其街道的纵横交错以及经济、职业和社会生活的发展迅速和形态多样，造成了它的心理环境……与小城镇和乡村生活的感官——那种更加缓慢、更加熟悉、更加平衡流畅的韵律——形成鲜明的对比。城市里发达的劳动分工需要有普遍化的交换手段，而金钱正在发挥这一重要作用。"大都市始终是金钱经济的地盘"（齐美尔，转引自康少邦等，1986：9）。从这个意义上说，城市理智的精髓是金钱。因此，齐美尔强调，理解城市居民与传统农村居民心理差异的关键是要考虑货币经济的作用（齐美尔，转引自向德平，2002：12）。

　　收入状况是决定农民工城市生活状况的基本因素之一，是衡量农民工经济层面适应度的重要指标。本次问卷调查的统计结果如表4-2所示，女性农民工的月收入情况如下：100~1999元的占23.3%，2000~3999元的占66.3%，4000~5999元的占7.0%，6000元以上的占3.4%。可见，大约有近九成的女性农民工的月收入在2000~3999元，即绝大多数女性月收入在4000元以下。另一方面，对于男性农民工来说，2000元以下的占19.0%，2000~3999元的占63.5%，4000~5999元的占12.8%，6000元以上的占4.8%。根据卡方检验可以看出，男性与女性工资收入有显著差异。低收入群体中，女性所占比例较高；而高收入群体中，女性所占比例较低。

表4-2　农民工月工资收入状况

单位：人，%

频次\收入		女性		男性	
		频次	百分比	频次	百分比
100~1999 元		770	23.3	636	19.0
2000~3999 元		2191	66.3	2125	63.5
4000~5999 元		231	7.0	427	12.8
6000~7999 元		30	0.9	50	1.5
8000 元及以上		84	2.5	111	3.3
合计		3306	100.0	3349	100.0
相关性分析	χ^2	80.627			
	df	4			
	sig.	0.000			

从均值上看，男性平均月工资为 2758.71 元（标准差为 1279.368 元），女性平均月工资为 2463.63 元（标准差为 1086.73 元），男性农民工的月收入比女性平均高出近 300 元。运用独立样本 T 检验男女收入差异，t 值为 10.045，对应概率在 0.000 上显著。这表明，女性农民工的收入低于男性农民工，而且具有统计显著性。我们从数据中还发现，男性农民工月平均收入的标准差大于女性。这说明女性的收入更集中，男性群体收入的离散程度大于女性。男性农民工中，有一技之长的人和以出卖体力换取生存的人的比例都很高，前者收入可观，后者收入则低得多，可见，男性收入的两极分化更加严重。

再来看其他学者的相关研究。Wang 与 Shen 于 1995 年对上海农民工进行调查，研究表明，同男性农民工和当地女性相比，女性农民工的收入处于劣势，并认为女性农民工处于"双重危难"（double jeopardy）之中（Zai and Yiu，2004：426）。有学者采用上海市妇联 2011 年 7 月组织开展的"来沪常住女性社会融入与社会保护状况调查"的数据分析其行业收入（蒋俊，2012：23），结果表明，女性农民工月收入平均值为 2659.70 元，其中，有 79% 的受访者月平均收入在 3000 元以下，而当年上海市城镇职工月平均工资为 3896 元。

根据其他学者的研究以及本研究，可以得出一致结论，女性农民工的收入低于男性。而女性收入低于男性并不是我国特有的现象，世界上多数国家也都如此。从国际上看，城市劳动力市场中男性和女性之间的工资差距大是有据可查的（Maurer-Fazio et al.，1997；Gustafsson et al.，2000；Liu et al.，2000）。具有歧视化倾向的劳动力市场将女性从以前涵盖女性的行业和职业中驱逐出去，男性在其中占据主导地位。性别规范在招聘广告中是一个习惯特性，在很多国家，招工偏好是基于婚姻状态的。这种性别化的做法将女性从某些职业中排除出去，将其集中于某些行业，从而导致女性的高贫困率及失业率（Kligman and Limoncelli，2005：

120）。Hare（1999）的研究表明，女性的工资水平显著低于男性，劳动力市场上男性和女性间有较大的工资差异（Maurer-Fazio et al.，1997；Gustafsson et al.，2000；Liu et al.，2000）。Liu 等人（2000）发现，从国有企业到私有企业，性别工资差距越来越大，经济转型扩大了劳动力市场上的性别差异。Maurer-Fazio 等人（1997）的研究也表明，私营公司中工资的性别差距特别大。

女性农民工与男性农民工的月收入为何相差如此之大？我国自新中国成立以来就一直强调并倡导"男女平等"、男女"同工同酬"。而事实是在某些行业，至少是在农民工所从事的大多数行业中，我们尚没有摆脱"重男轻女"的传统思维模式。尽管女性有权利可以进入几乎所有的工作领域，但是进入报酬较高的领域还是存在各种各样的障碍。有学者分析认为，女性与男性行业内的工资差异的 12%（占总差异的 10.83%）可以由人力资本差异来解释。还有学者认为，除了男性与女性从事的行业自身存在差异之外，家庭对女孩教育的投资偏好低于对男孩教育的投资偏好，也是造成上述现象的根本原因（蔡昉等，2005：234）。但是从前文的分析中可知，在京女性农民工的平均受教育程度高于男性农民工，因此这一解释并不适合本研究对象。那么，我们如何解释男女农民工之间显著的收入差异呢？

首先，男性农民工与女性农民工从事的行业不同，女性大多从事第三产业，男性大多在第二产业工作，产业及行业的不同导致其工资存在差异。

其次，男性工作时间更长。前文数据表明，无论从每周的工作天数上看还是从每天工作的小时数上看，男性的工作时间都显著长于女性，即如果不考虑工作性质上的差异，单独从工作时间上看，男性收入也应该高于女性。

最后，社会性别理论认为，两性地位的不平等是由诸如社会习俗、传统观念等因素导致的。男性在劳动力市场上具有优势，而女性的劳动生产价值受到贬值，这是社会依据传统文化分别为男女两性劳动力做出的位置安排。在传统的家庭角色和社会角色方面，女性更多地需要扮演照顾家庭的社会角色，因此雇主要考虑她们是否能够全身心地投入工作，这使她们在劳动力流动和就业过程中处于不利地位。正如有研究认为，女性获得城镇就业要受到特别的限制（Fan and Huang，1998），在分工结构中女性普遍处于较低的位置（谭深，1997），从而在劳动待遇、薪酬条件方面受到歧视。另外，由市场力量引导的、受到节约成本和赚取利润驱动的许多公司都不愿雇用妇女（Yang and Guo，1999；Liu et al.，2000）。Zhang（1999）的研究表明，天津劳动力市场更加偏好男性而不是女性劳动力（转引自 He and Gober，2003：1222）。Woon（1999）发现，珠江三角洲地区的雇主特别偏好男性农民工，而不是女性农民工。面临如此严酷的就业形势以及有"男性情结"的用工企业，女性想要同男性竞争一份工作，就得甘受雇主的盘剥，甘愿降低工资。

在京女性农民工的收入显著少于男性，那么其与本地职工乃至全国农民工的收入相比，又是何种情况呢？国家统计局公布的2012年外出农民工月平均收入为2290元。[①] 可见，在京女性农民工的工资收入高于全国农民工的平均水平。另一方面，北京市2012年在岗职工年平均工资为62677元，月平均收入为5223元。[②] 可见，女性农民工的月平均收入远少于北京城镇职工，只有其收入的47%。其他学者的研究表明（李培林、李炜，2010：121），2008年，农民工的月工资只相当于城镇职工的76.3%。考虑到农民工还要把一部分收入寄回家乡赡养老人孩子，可以认为农民工的实际可支配收入与北京市民的差距更大。

从上面数据可知，在京女性农民工的收入不仅低于男性农民

---

① http://china.caixin.com/2013-06-06/100538158.html.

② 参见《关于公布2012年度北京市职工平均工资的通知》（京人社规发〔2013〕151号文件）。

工，而且不足北京城镇居民收入的一半。这足以表明，女性农民工的经济适应程度较低。另一方面，这些在城市里求生存的女性农民工与男性农民工，同城镇居民一样需要共同面对大都市中各种各样的问题——高物价以及高房价，她们如何支配其收入？她们较低的收入会有结余吗？来看她们每月的结余情况。

本研究用"每个月你大概能存（剩余）多少钱"了解农民工的结余状况。表4-3表明，36.2%的女性每月结余少于500元，34.8%的女性每月结余在501~1000元，还有21.7%的女性每月结余在1001~2000元。对于男性农民工来说，26.7%的人每月结余在500元以下，31.2%的人结余在501~1000元，28.9%的人结余在1001~2000元。从均值上看，男性平均每月结余1252元，标准差为1030元；女性平均每月结余944元，标准差为818元，而且从卡方值上看，差异显著。大多数的女性（36.2%）每月结余为500元以下，而大多数的男性（31.2%）每月结余为501~1000元，结余为1001~2000元、2001~3000元以及3001~4000元的男性农民工比例均高于女性。可见，男性与女性在结余方面存在差异。总体上看，男性每月能存起来的钱平均比女性多308元。

另外，17.1%的女性每月没有结余，12.8%的男性每月没有结余。对于有结余的女性农民工来说，61.2%的人把钱存起来，19.7%的人把钱寄回老家，交给父母或者配偶。对于有结余的男性农民工来说，57.1%的人把钱存起来，28.9%的人把钱寄回老家，交给父母或者配偶。可见，农民工城市生活之艰辛。

表4-3　农民工月结余状况

单位：人，%

结余 ＼ 频次	女性		男性	
	频次	百分比	频次	百分比
0~500元	1197	36.2	895	26.7

频次 结余		女性		男性	
		频次	百分比	频次	百分比
501～1000 元		1151	34.8	1045	31.2
1001～2000 元		718	21.7	967	28.9
2001～3000 元		85	2.6	231	6.9
3001～4000 元		20	0.6	76	2.3
4001 元以上		135	4.1	135	4.0
合计		3306	100.0	3349	100.0
相关性 分析	χ^2	185.361			
	df	5			
	sig.	0.000			

4.1.4　消费结构

消费结构是衡量经济生活水平的重要指标之一。本调查问卷中没有设计题目直接测量农民工每月的消费情况，但是可以依据每月收入及结余情况获得此方面的信息。从上文分析可知，男性的月工资收入比女性高出 300 元，男性月结余也比女性约多 300 元，可以推知，男性与女性的月消费金额大致相等，大约都为 1500 元。那么这些钱都消费在哪里了呢？

针对问卷中"你认为自己日常开支中花费最大的三方面依次是"，女性农民工回答支出前三位的依次是"吃饭日用品开支""购置衣物（如化妆品、衣服等）""支付房租水电费用"；个案比例分别为 85.5%、58.2%、51.7%（N=3295），对应响应百分比分别为 29.0%、19.8%、17.5%。除此之外，女性农民工用于手机充值、社交应酬、学习培训等方面花销的响应百分比分别是 9.6%、7.5%、2.6%。对于男性农民工来说（N=3335），支出项目位列前三位的依次是"吃饭日用品开支"（84.3%）、"支付房租水电费用"（46.0%）、"购置衣物（如化妆品、衣服等）"（37.7%），个案比例分别为 28.9%、15.8%、12.9%。另外，男性农民工用于手机充值、社交应酬、学习培训等方面花销的响应百分比分别是 12.3%、12.4%、2.4%。

由数据可见，无论是男性农民工还是女性农民工，消费最高的都是"吃饭及日用品"，但从第二项开支开始出现性别差异。女性农民工的衣物购置消费多于房租水电费，而男性的衣物购置消费少于房租水电费，这也不难理解。爱美是天下所有女人的天性，作为女性，无论其从事何种职业，都有追求美好、享受美好的权利。她们喜欢穿漂亮、时尚的衣服，喜欢使用美容化妆品，只要条件允许，她们就会把自己打扮得年轻漂亮些，所以在这方面的花销自然会高些。正如有学者的研究发现，对于长期生活在城市的女性劳动力移民，很难在穿着方面将"外地人"与"本地人"区分开，而外来男性劳动力移民的"土气"则更为长久些（陆芳萍，2005：2）。事实上，衣着打扮是人们日常交往的一种工具，是外来者适应城市生活的重要内涵和表征之一。

与此同时，我们还可以看出，男性在手机充值、社交应酬等方面的花销要多于女性。电话是为农民工提供沟通的工具，在他们尚未适应城市生活、感到孤独、情绪低落的时候，他们通过电话与家人或亲人联络，从而能更好地应对城市生活的不适。而在学习培训等方面，男性农民工和女性农民工的支出都很少，只有2%左右，而且男性比女性的花销还要少。

整体上看，无论是男性农民工还是女性农民工，其主要消费支出都是在食物、衣服、生活费方面，而且以生存消费为主，享受消费很少，发展消费就更少，消费层次较低。"在关于消费社会学的研究中，消费类型依据不同标准而划分，研究者根据消费资料将消费划分为生存消费、享受消费和发展消费。生存消费涉及食品、衣物、日用品以及交通工具等；享受消费指满足人们娱乐、旅游等精神文化方面的消费；那些满足人们自身发展、体力、智力以及个性需要等方面的消费，如文化教育、科研、文体活动，以及社会交往等方面的消费为发展消费"（任秀杰等，2009）。总之，在京农民工的消费原则是"多赚少花，生活上越节俭越好，能省就省"，其物质生活相当俭朴。

再来看其他学者的调查结果。有学者对上海农民工的消费情况进行调查，支出比例从高到低依次是：食物（82.0%）、往家寄钱（53.0%）、人际交往（50.0%）、交通（42.0%）、住房（28.0%）、娱乐（27.0%）、学习技能（24.0%）（寇学军，2004）。再来看全国范围的数据。根据《中国统计年鉴（2013）》的统计资料，2012 年全国城镇居民人均消费支出占前五位的依次为：食品（36.23%）、交通通信（14.73%）、文教娱乐（12.20%）、衣着（10.94）、居住（8.9%）。[①] 将其与在京农民工的消费进行对比不难看出，城镇居民除了食品支出同农民工一样位列第一之外，衣着与居住只位列第四、第五。可见，城镇居民在娱乐教育文化方面的支出较多，即更加注重旅游及教育等方面的投入，农民工在这两方面的支出远远少于城市居民，对于这一事实并不难理解。在城市寻求谋生的农民工，其消费行为基本限制在"必需品消费"上，以满足生存的基本需要为主，学习新知识、技能，进行娱乐的意识与经济能力很弱。除了衣、食、住、行等必需费用外，对生活其他方面的要求较低，这也反映出农民工对城市社会的适应性较低，处于生存适应状态。

4.1.5　收入满意度

我们已经看到外来务工人员的收入与支出情况，那么务工人员又是如何评价其目前的经济状况呢？调查结果见表 4-4，数据显示，3.8% 的女性农民工认为其目前经济状况很糟糕；18.4% 的女性农民工认为其经济状况不太好；一多半的人（52.9%）认为其经济状况勉强过得去；23.2% 的受访者认为其经济状况还不错，1.7% 的人认为其经济状况很好。而男性在以上五种评价上的比例

---

① 中国统计局网站《中国统计年鉴》，2013，表 11-7。

分别为 5.8%、19.9%、52.4%、19.0% 和 2.8%。另外，从数据中还发现，对自己经济状况评价极低和极高的农民工中，男性比例更高，认为"很糟糕"的男性比女性多 2 个百分点，认为"很好"的男性比女性多 1.1 个百分点。这表明，男性的经济状况异质性更强。利用卡方检验其差异性，$\chi^2 = 38.052$，$df = 4$，$p = 0.000$，可知，男性农民工与女性农民工对于各自的经济收入满意状况有显著差异。女性的经济状况满意程度要高于男性。

如果将"很糟糕"到"很好"分别赋值 1 分到 5 分，均值越大表示对经济状况越满意。女性农民工自我评价的经济状况均值为 3.01，而男性的平均得分是 2.93。可见，整体上看，女性农民工认为自己的经济状况处于中等水平，"勉强过得去"，而男性的经济满意度较低。总之，女性自我经济状况评价好于男性，对自己目前经济状况的满意程度高于男性。这一数据表明，尽管女性的收入低于男性，但是其在经济适应方面要好于男性。

表 4 - 4   对目前经济状况的评价

单位：人，%

频次 经济状况		女性		男性	
		频率	百分比	频率	百分比
很糟糕		125	3.8	195	5.8
不太好		606	18.4	667	19.9
勉强过得去		1743	52.9	1752	52.4
还不错		764	23.2	637	19.0
很好		57	1.7	93	2.8
合计		3295	100	3344	100
相关性分析	χ^2	38.052			
	df	4			
	sig.	0.000			

4.1.6　工作满意度

进城以后，从事什么样的工作直接关系到农民工在城市如何立足以及以何种方式适应城市社会。农民工在劳动力市场中的地位与处境，是他们适应城市社会的表现，也影响到其适应城市社会的能力（李强，2000；张胜国，2007）。所以工作适应是新生代农民工适应城市生活的一个重要方面。本章以农民工对目前工作是否满意测量其工作适应性，将回答选项设计为"很不满意""不太满意""一般""比较满意""非常满意"五类指标，并对其分别从1分到5分取值，均值越高表示其对自己的工作越满意，适应状况越好。

结果如图4-1所示，从图4-1可知，自评对目前工作"满意"的女性只有7%，近四成的受访者对自己的工作持"一般"满意态度，有一半以上的女性对自己目前的工作持"不太满意"或"很不满意"的负向评价。从得分上看，女性工作满意度平均得分为2.42。相比之下，只有7.4%的男性对目前工作"满意"，四成的男性认为自己的工作"一般"，五成多的人对自己的工作不满意，男性工作满意度平均得分为2.44。根据卡方分析检验结果，$\chi^2 = 6.377$，df = 4，sig. = 0.173，可见，不同性别农民工的工作满意度没有显著差异，即无论是男性农民工还是女性农民工，都对自己的工作整体评价为负向，处于"不太满意"和"一般"之间，即在京农民工整体的工作满意度不高，适应程度较低。

国内其他学者基于杭州、温州和宁波三地青年农民工进行的调查结果表明，对自己当前工作表示很满意或比较满意的青年农民工有37.7%，不太满意或很不满意的为18.3%，一般的有40.9%。其中，35.3%的男性表示"很满意"或"比较满意"，在女性中这一比例是40.6%。卡方检验的结果表明，不同性别农民工的工作满意度差异不显著（范晓光，2008：71~72）。本研究和其他学者的研究都表明，性别对于农民工的工作满意度没有显著影响。相较于该研究，本调查研究中农民工的工作满意度更低。

从前文的迁移动因分析可知，农村男女青年怀着对美好生活的憧憬与渴望来到城市寻求发展，而且他们中的大多数人都是主动到北京寻求发展的，但是他们为何对于当前工作的满意度如此之低呢？通过上述对农民工收入以及行业的分析可知，无论是男性还是女性，农民工在城市里大多从事的是城里人不愿做的工作，劳动强度大，工作时间偏长，收入偏低，结余较少。这样的一种生活境况或许与其离开农村时所梦想的蓝图有较大差距，甚至是其事先所没有料想到的，当其梦想与现实之间有较大落差时，这些外来者对当前工作满意度之低也就不难理解了。

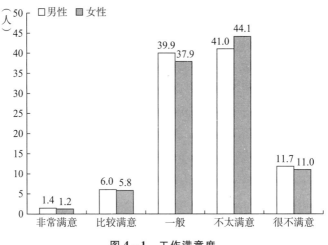

图 4 - 1　工作满意度

男性农民工和女性农民工的工作满意度都不高，而且性别在工作满意度上没有显著差异，那么对于在京农民工群体而言，年龄、家乡所在地、受教育程度对其工作满意度的影响是否存在差异呢？表 4 - 5 是利用卡方检验分析得到的结果，由表 4 - 5 可知，对于女性来说，年龄、家乡所在地等方面对工作满意度都不存在显著影响，只有受教育程度对于工作满意度有显著影响。而对于男性来说，年龄对工作满意度没有显著影响，但是家乡所在地以及受教育程度对工作满意度有显著影响。

表 4-5　不同人口学变量与工作满意度的相关性分析

	女性			男性		
	χ^2	df	p	χ^2	df	p
年龄	9.269	12	0.680	15.473	12	0.217
家乡所在地	13.086	8	0.109	19.126	8	0.014
受教育程度	37.286	12	0.000	47.282	12	0.000

由上可知，不同受教育程度的女性农民工的工作满意度不同。那么，何种受教育程度群体的工作满意度更高些呢？女性农民工的受教育程度与工作满意度的交互列联表如表 4-6 所示。数据表明，受教育程度与工作满意度的确显著相关，具体来说，随着受教育程度的提高，其对工作持正向态度（非常满意或比较满意）的比例从 8.4% 下降至 6.8%，再降至 5.7%，受教育程度为本科及以上时，比例上升至 6.7%，即总体上呈现 U 形趋势，初中及以下学历的女性对于工作持正向评价的比例最高；而随着受教育程度的提高，对工作持负向态度的比例从 52.5% 上升至 53.7% 再升至 57.5% 再升至 60.7%，本科及以上学历的女性对于工作持负向评价的比例最高。受教育程度为本科的女性比初中及以下的女性对工作持负向态度的比例高出 8.2 个百分点，而正向态度降低 1.7 个百分点。另外，初中及以下的女性对于工作满意度表现出极端态度——非常满意以及很不满意的比例最高。可以得出结论：受教育程度的确能够影响人们的工作满意度。具体来说，对工作最为满意的是初中以上女性，随着受教育程度的提高，高中、大专学历的女性满意度降低，但是受教育程度为本科及以上学历女性的工作满意度又有所提高，即从整体上看，受教育程度与工作满意度呈 U 形趋势。而对工作的不满意度随着女性受教育年限的增加，呈线性提高趋势。另一方面，对工作持极端反感态度（很不满意）的受访者中，低学历女性所占比例最高。

表 4 - 6 中括号内为男性数据，整体上看，呈现出与女性相同的趋势：受教育程度与工作满意正向评价呈 U 形趋势变化，对于工作满意负向评价呈线性上升趋势，对于工作非常满意以及很不满意比例最高的都是初中及以下的男性。

表 4 - 6　受教育程度与工作满意度的交互列联表

单位：%

受教育程度	对目前的工作是否满意				
	非常满意	比较满意	一般	不太满意	很不满意
初中及以下	1.9（1.9）	6.5（6.3）	39.1（42.6）	40.0（36.1）	12.5（13.1）
	8.4（8.2）		39.1	52.5（49.2）	
高中（含职高、中专、技校）	1.1（1.4）	5.7（6.3）	39.5（41.3）	41.9（39.7）	11.8（11.2）
	6.8（7.7）		39.5	53.7（50.9）	
大专	0.7（0.5）	5.0（4.1）	36.9（35.9）	47.7（49.5）	9.8（10.0）
	5.7（4.6）		36.9	57.5（59.5）	
本科及以上	0.7（0.6）	6.0（6.8）	32.6（32.3）	53.6（49.4）	7.1（10.9）
	6.7（7.4）		32.6	60.7（60.3）	

注：括号内为男性数据。

为了维护女性的权益、促进女性的发展，自改革开放以后，国家陆续制定并出台了与女性有关的法律和法规。1990 年，劳动部颁布《女职工禁忌劳动范围的规定》，明确禁止女职工从事的劳动范围、工种、强度，尤其明确规定经期、孕期、哺乳期禁止从事的劳动范围。1992 年和 2005 年，全国人大颁布《中华人民共和国妇女权益保障法》，以保障妇女的合法权益。国务院于 1995 年和 2001 年分别制定《中国妇女发展纲要（1995 - 2000）》和《中国妇女发展纲要（2001 - 2010）》，该纲要不仅规定妇女在经济、教育、健康、环境、法律以及参与决策和管理六个领域优先发展，而且还提出要消除职业性别歧视，实现男女平等就业，保障妇女劳动权利以提高妇女从业人员的比例，保障女职工的劳动权益，缓解妇女贫困程度，减少贫困妇女的数量（王东平，2010：72）。但是中国传统的社会性别规范、古老的婚嫁和从夫居的习俗、"男尊女卑"的观念以及女性"贤妻良母"的刻板化角色，使女性的人力资本较少，而农村女性的人力资本就更少。这一外来群体在城市劳动力市场上既要与农村男性竞争，又要与城市女性竞争（Zhang，1999）。总之，女性在劳动力市场竞争中处于劣势地位，国家的法律法规也很难有效保障其合法利益不受侵犯。

4.1.7　居住状况

"安得广厦千万间，大庇天下寒士俱欢颜。"自古以来能否实现安居就是重要的民生问题。"安居"才能"乐业"，吃穿住行中，居住位列个人生存需求第三位，可见居住之重要性。克罗伯把居住看作社会的基本结构，认为"一个人无论如何总得有一个住所……和人一同住必然产生有社会影响的联系"（转引自费孝通，1998：172）。住在哪里以及居住条件是考量农民工城市生活水平的另一个直观指标。

在京女性农民工的居住状况调查结果表明（N = 3297），有41.6%的受访者居住在"集体宿舍"，有46.3%的受访者"自己租房"，有4.5%的受访者住在"亲戚朋友家"，6.1%的受访者自己买房子。对于男性农民工来说（N = 3339），54.9%的受访者住在"集体宿舍"，38.7%的人"自己租房"，2.9%的人住在"亲戚朋友家"，只有2.7%的人自己买房子。可见，无论是男性农民工还是女性农民工，九成多的农民工居住在集体宿舍或自己租房。卡方分析表明，$\chi^2 = 146.262$，df = 4，sig. = 0.000，男性农民工和女性农民工的住所有显著差异。男性住集体宿舍的比例高于女性，女性自己租房、自己买房以及住在朋友家的比例要高于男性。

再来看其他学者所做的相关调查。严翅君教授主持的"进城农民工的消费方式转型"课题组对572名新生代农民工进行了调查，结果表明，他们中的多数人是单身青年，以住在单位宿舍或个人租房为主，占 68.53%；个人购买新房，或贷款买房，或购买二手房的仅占 2.97%（王艳华，2007）。针对上海市农民工的居住状况调查结果表明，65.3% 的人住在"单位提供的宿舍"，18.4% 的人"自己租房"，12.2% 的人"与他人合租"，3.1% 的人住在"亲戚朋友处"，自己买房的只占到 1%（寇学军，2004）。针对深圳女性流动人口的研究表明，有 71% 的受访者住在"集体宿舍"，26% 的人住在"私人出租房"，住在"亲戚家""工作场所"和"自己所购买的房子"的人群各占 1%（欧阳静，2011：25）。

有学者根据 2006 年"北京市 1‰流动人口调查"数据分析北京市流动人口的相关情况（翟振武等，2007：39），结果表明，居住在农民原建房和农民专门搭建的待租房的流动人口占全部流动人口的 64.1%，17.1% 的流动人口住在地下室、工棚、自建窝棚或工作场所。针对北京市女性农民工的调查表明，34.6% 的人住在集体宿舍，11.5% 的人在亲戚或朋友家借宿，住合租房的占 42.3%，其他的占 11.6%（刘鸿谕，2013：29）。

结合本次调查数据及其他学者的调查数据可知，无论是北京外来务工者还是其他城市的外来务工者，他们中的绝大多数要么居住在由工作单位提供的集体宿舍要么自己租住房子，这样的住所普遍是人多拥挤，采光、通风、卫生等条件都较差——不见阳光、没有独立卫生间、潮湿阴冷。对于男性而言，从事建筑行业的农民工通常居住在条件更为艰苦的简易工棚里，这些地方不仅没有采光，若是地处北方，冬天取暖设备也许都成为一种奢侈品。无论是单位宿舍还是自己租住的房子，总之都是地域偏僻、价格便宜，居住面积狭小、条件恶劣。这样的居住环境对于农民工的身体健康势必会带来某种不良影响。但即便是这样，如果农民工失去这份工作，也很有可能连这种房子都无处寻觅，面临无处可居的境地。因此有学者称，从农村来到城市的农民工构成中国城市新"贫困"阶层的主体（Wu，2004），他们没有当地城市户籍，在城市劳动力市场和住房市场中处于劣势和边缘化状态（Fan，

2001；Wu，2002）。

在住房消费方面，同其他消费一样，进城农民工处于维持最低生活水平的状态，以降低城市生活成本。正如主张"同化论"的学者所认为的那样，外来者在迁入地要经历定居、适应等阶段。由于缺乏进入主流社会的渠道与技能，外来者只能先在边缘地区设法落脚立足，当获得一定程度的成功之时，才有可能离开原先的移民社区而进入当地社会中的上层住宅区。事实上，住房不仅是提供栖息、放松身心的空间，更是农民工对于迁入地的一种感受。"有恒产者有恒心，无恒产者无恒心。"如果农民工在大都市里有属于自己的房产，就会在心理上接受城市，自然就会产生落地生根之感，这是深层适应城市的一种表现。然而，现在的客观情况是，对于绝大多数农民工来说，由于没有属于自己的住所，城市对于农民工而言只是暂时的栖身之所，因此表明这些来到城市的外来者在城市生活方面的适应还不足够充分。

经济层面的适应是外来务工者来到城市首先面临的问题。经济层面的适应构成外来者在社会、文化等其他方面适应能力的基础。恩格斯曾指出："妇女解放的第一个先决条件就是一切妇女重新回到公共劳动中去。"（恩格斯，1972：70）从经济层面上看，北京女性农民工中有相当比例的人就职于餐饮业、批发零售业、生活服务业、商务服务业等工作简单、重复性的非技术性行业。尽管月工资收入可能比迁移之前有较大提高，但是远低于男性，和城市居民相比更是无法同日而语。收入中的大部分被大都市的饮食、住宿等费用所占据，所以每月结余极为有限，这个群体在城市生活中仍处于偏下水平，对工作的满意度不是很高。总体上看，女性农民工在城市生活中处于边缘化地位，经济适应程度低，但要高于男性农民工。这种经济层面上的较低适应性，必然会对其社会、心理层面的适应产生一定影响。

4.2　社会层面

适应城市社会不仅涉及经济问题，还会涉及语言、风俗、生活方式等方面的社会行为或文化行为（李静，1996：27），即城市外来者不仅要在经济层面实现适应，而且还要参与当地的社会生活，与城市人交往，逐渐形成特定的城市生活方式。"生活方式是在一定社会客观条件制约下，社会中的个人、群体或全体成员在一定的价值观念引导下、为了满足自身生存发展而需要的全部生活活动"（田凯：1995）。在形成城市生活方式的过程中，个体以往的价值观、个人偏好可能发生改变，生活方式自然也会随之变化，由原先"贴近土地"的生活方式向"远离土地"的城市生活方式靠拢是其适应城市的重要表现。换言之，城市绝非简单的人工构筑物，城市同其居住者的各种重要活动密切地联系在一起（帕克等，1987：1）。农民工能否顺利地实现从经济层面到社会层面的适应转变，对于其最终能否适应城市并被城市接纳具有重要意义。

本节探讨农民工的社会文化适应，社会文化适应主要体现在闲暇时间利用、组织参与、与本地市民的互动等方面。

4.2.1　休闲方式

工作是生活的一部分，是个体的一种生存方式以及安身立命的谋生手段。只有当基本生活需求得到满足后，人们才可能有更多的闲暇时间，并将其作为一种追求。而以何种方式消磨休闲时间，是个体所处的物质环境及其文化环境决定的。

闲暇时间是指人们在摆脱物质与文化环境的外在压力和各种必要时间支出后剩余的个人可自由支配的时间，即马克思所谓的"不被直接生产劳动所吸收，而是用于娱乐和休息，从而为自由活动和发展开辟广阔天地"（转引自青连斌，1990：161）。在这些时间里，人们可以休息、学习、娱乐，可以观看演出、外出旅行、进行体育锻炼活动、参加社交活动，等等。这些活动成为满足个体精神文化、心理与生理需要的重要活动方式。休闲方式具有鲜明的群体性，选择何种闲暇方式是现代城市人物质程度与文明程度的一种体现。

女性农民工对于"在闲暇时间您经常是怎么安排的"这一问题，回答结果见表4－7。回答比例由高到低分别是看电视（17.6%）、逛街（17.2%）、上网（16.9%）、睡觉（14.5%），然后依次是做家务（11.4%），看书报（6.6%），带小孩、教育子女（5.1%），参加学习培训（4.0%）等。从以上数据可见，近七成的外来女性农民工以上网、看电视、逛街和睡觉等方式打发时间，即她们的闲暇时间主要以自我娱乐方式度过。网络作为一种新兴媒体，对于善于接受新鲜事物的新生代农民工有非常大的吸引力，对于以这种方式作为娱乐消遣的受访者来说，有9%的女性在网吧上网，42.2%的女性用手机上网，43.1%的人用自己的电脑上网，人均每天上网时间为3.66小时。

再来看其他学者的相关研究结果。南京大学1999年的调查中，针对"您业余时间干什么"的问题，排在前六位的休闲方式依次是：打牌（38%）、看电视（37%）、听收音机（36%）、聊天（35%）、逛街（30%）、看书报（20%）（朱力，2002）。针对深圳女性流动人口的调查结果表明，虽然女性选择度过闲暇生活的方式日趋多样，但是主要的娱乐休闲生活方式依次为：看电视或听广播（31.4%）、逛街（28.5%）、上网（26%）（欧阳静，2011：27）。还有学者以上海农民工作为调研对象，结果发现，打发空闲时间的前六种方式分别是：看电视和报纸或听收音机（70.4%）、逛街（41.8%）、睡觉（35.7%）、聊天（32.7%）、打牌下棋（28.6%）、学习技能（26.5%）（寇学军，2004）。

可见，不论是地处北方的北京、东部的上海，还是南方的深圳，流动人口的主要娱乐方式基本类似。电视作为主流媒体之一，以其较高的普及率而直接影响广大城乡居民的文化意识和观念。看电视不仅愉悦身心、放松心情，还可以获取各类信息，因此看电视成为农民工群体中一种喜闻乐见、普遍的大众性闲暇活动。看电视这种休闲方式与某些竞技性体育不同，并不激烈而且也不耗费体力，这对于工作时间较长、劳动强度较大的外来人员来说是一种很节俭并且实用的休闲方式。另一方面，从消费成本上看，电视机价格不仅越来越便宜，越来越耐用，而且在消费过程中，消费者无须再承担其他费用（电费除外）。农民工通过这种休闲方式既可以打发业余时间，也不会承担过重的经济负担。另外，从电视内容上看，从中央电视台到各地方电视台，节目内容涵盖新闻时事、相声小品以及情感相亲类节目等，再加上通过卫星接收到的电视节目，这些可以满足各类农民工朋友的需求，因此将看电视作为一种消遣方式无疑受到广大农民工的喜爱。

农民工比较容易接触到的典型大众媒介除了电视、广播、各类书报之外，还有就是电脑网络。正是这些潜移默化地宣扬当代文明成果的诸多媒介为农民工提供了解城市、认识城市的机会，在城市文化的浸染下，其思想方式、行为举止以及价值观念都会受到不同程度的影响，发生不同程度的改变。因此，大众媒体对于外来农民工的城市适应能力的培养起到一定的作用。

表 4 - 7　对于闲暇时间的安排

单位：%

	女性	男性
上网	16.9	21.5
看电视	17.6	18.4
逛街	17.2	10.3
打牌、打麻将	0.9	3.1
听收音机	1.3	2.1

	女性	男性
看书报	6.6	9.1
睡觉	14.5	15.9
找老乡	3.9	6.6
做家务	11.4	4.5
带小孩、教育子女	5.1	3.1
参加学习培训	4.0	4.4
其他	0.6	1.0
合计	100.0	100.0

表4-7同时也显示出男性农民工的休闲方式分布。比较两性的数据，不难看出，女性以逛街，做家务，带小孩、教育子女等作为休闲方式的比例高于男性。对于这一点很好理解，爱美之心，人皆有之，女性更是美的化身、美的使者。女性除了工作外，也要装扮自己，感受大都市的繁华。尽管家庭负担较重，工作之余，她们还是愿意逛逛街，放松一下紧张的心情。而男性的闲暇时间安排在上网、看电视、打麻将、睡觉、找老乡等方面占据更高的比例。这或许是因为男性作为养家糊口之人，是家庭经济来源的主要承担者，工作劳动强度比较大，心理压力通常也较大，从而其身心放松的方式不同于女性。

同外来农民工的闲暇方式相比，城市居民的闲暇生活则丰富多彩——旅游、购物、健身、美容、参加培训班、娱乐等是其较为常见的休闲方式，读书、看报也是城市居民增加知识、开阔眼界的有效途径。总之，同城市居民相比，农民工的业余生活略显贫乏和单调。无论是男性农民工还是女性农民工，其休闲方式都以自我消磨时光为主，消费模式可以归纳为：以消遣式闲暇活动为主，消费型闲暇活动少，对学习型闲暇活动有所涉及，闲暇时间的利用不具备明显的城市生活方式特征。

对于这种现象或许可以从多方面加以解释。原因之一，休闲方式在体现人们的生活态度与观念的同时，也是需要以物质条件作为基础、一定数量的金钱作为支撑的，甚至有些娱乐活动涉及大量金钱。某些娱乐城、休闲场所收取数百甚至上千元的门票费用，旅游、度假、购物等休闲方式更是"烧钱"的活动，尽管新生代女性农民工对于此类活动跃跃欲试，但是较多的金钱投入终将其拒之门外。她们身处消费水平高于农村的城市中，工资收入不仅要用于支撑其在城市里的安身立命，而且还要用于养家糊口，对于大多数人来说，还要将生活必需消费品之外的余额寄回老家，这些都决定了农民工不能同城市人一样"任性"，因此对某些"奢侈"性的休闲活动只能敬而远之。

原因之二是农民工的文化程度整体上还相对较低。农民工娱乐方式的选择，一方面受到经济承受能力、劳动时间的限制；另一方面，同其自身的文化素质也有一定关系。每一种闲暇活动的选择都与人们的文化素质分不开，受教育程度是反映文化素质的一项基本指标（谷中原、余成普，2005）。不同的文化素质形成不同的需要和满足机制，从而使得个体选择不同的闲暇活动。对于那些还没有认识到知识重要性的人来说，他们就不会有文化方面的消费需求。实际上，一个人要想很好地适应城市生活，尤其是适应特大城市的现代化生活，就应该必须不断地充实自己，通过学习提高自身素质，这样才有可能抓住城市里的各种机会。

尽管如此，数据中还是有一些令人感到可喜的信息，在京农民工中有4%的人注意到积累知识和学习技能的重要性。关于这方面的数据，南京大学的调查发现，城市的打工人群中，正在继续学习的人占样本总数的14.48%（朱力，2002）。可见，流动人口有着较强的改变现状的愿望，尽管比例还比较低。既然娱乐选择方式与受教育程度存在一定的相关性，那么下面来看不同受教育程度的农民工之间其休闲活动有何差异。

表4-8是女性受教育程度与休闲活动方式的列联分析表。从

中可以看出，在上网、看书报、参加学习培训等方面，随着农民工受教育程度的提高而呈现出参与比例越来越高的趋势；而在以看电视、找老乡等作为休闲活动方面，随着农民工受教育程度的提高而呈现出参与比例越来越低的趋势。可以认为，休闲方式的选择的确与人们的受教育程度和文化素质有正向相关性，受教育程度越高的人，其休闲方式越倾向于知性。

表 4 - 8　受教育程度与休闲活动的闲暇　交互列联表

单位：人，%

	本科及以上	大专	高中 （含职高、中专、技校）	初中及以下
上网	68.2	59.2	46.1	31.8
看电视	45.5	45.6	51.3	51.6
逛街	47.9	54.8	50.3	41.1
打牌、打麻将	1.7	1.5	3.1	3.2
听收音机	3.8	4.4	3.4	3.6
看书报	28.2	23.8	17.3	11.7
睡觉	40.8	39.1	41.0	40.9
找老乡	7.3	8.6	10.9	14.2
做家务	32.7	31.0	31.8	32.5
带小孩、教育子女	11.6	12.8	14.7	15.9
参加学习培训	21.3	17.4	10.1	3.7
其他	1.9	2.8	1.4	1.2
N	422	688	1176	999

如何提升、丰富女性农民工的业余文化生活，让她们也享受到改革开放的成果，应该是各级政府、妇联组织的工作职责之一。正如党的十八届一中全会所指出的，要丰富人民群众的精神文化生活，增强人民精神力量，今天，我国经济总量已经稳居世界第二位，人均国内生产总值增至 7800 美元左右，第三产业增加值占国内生产总值比重超过第二产业，让改革开放的发展成果更多更公平地惠及全

体人民，这里的人民应该指包括农民工在内的全体中国人。所以，农民工群体的业余文化生活应该得到相关部门的重视。

4.2.2　组织活动参与

社会组织结构体现城市的基础。齐美尔把城市看作"精神生活"方式与现代文化相互交错的网络群体构成的场所（康少邦，1986），韦伯强调城市生活方式包含复杂的社会关系和社会组织（转引自江立华，2003）。事实上，农村与城市的一个明显差异在于，二者的组织结构不尽相同。农村社会结构主要是亲族组织和邻里组织，而城市组织结构则复杂得多，包括邻里组织——社区、政治组织——党团组织和政府组织、经济组织——职业联合体、社团组织、中介组织以及各种非正式组织等。城市人身处各种相互交错的组织中，并通过这些组织以及组织活动与他人交往，以此构建自己的城市生活。社会成员"参加一些共同的活动是很重要的，这会促进同主流社会成员建立紧密的关系，使自身更好地融入主流文化社会中去"（Searle & Ward，1990）。从活动中体会社群的福祉、凝聚与归属，有利于培养对社区的责任感和归属感，是农民工适应社区、适应城市的有效方式。正如有学者认为的那样，"公民的政治活动，是人的三种等级行为（劳动、工作与行动）中最高的一层，它赋予人生以自我验证的道德意义"（转引自潘一禾，2005）。个体通过参与各项组织活动，一方面可以学会主动参与以及理性服从；另一方面，公共生活还能够激发人们期望赢得他人的信任和尊敬，使对个人价值的内在渴求在公共生活的奉献中得到满足。因此，外来农民工是否参与所在社区的各类组织，是衡量她（他）们是否具有较高的城市化程度、能否适应城市生活的一个体现。

本研究用"你是否参加社区举办的各种活动""在北京参加以下哪些组织或群体""是否愿意参加北京的社会管理工作""是否愿意参加北京的志愿服务活动"等题项测度在京农民工的组织参

与状况。

对于问卷中"你是否参加社区举行的各种活动"题项的答案设计是"总是参加""有时参加""偶尔参加""从不参加""不知情",并将其分别赋值 1~5 分,分值越低表明参与度越高。结果见表 4-9,可知,1.9% 的女性农民工总是参加,14.0% 的人有时参加,23.6% 的人偶尔参加,26.5% 的人从不参加,34.1% 的人对社区活动不知情。女性农民工社区参与活动的平均得分为 3.77,标准差为 1.118,可见,总体上,在京女性农民工参与社区活动处于"偶尔参加"和"从不参加"之间,即女性农民工的社会活动参与程度不高,其中有近六成的外来人员不了解或不参与社区举办的任何活动,总是参加或有时参加的只有不到两成的比例。

从表 4-9 中还可以看出男性农民工对各类活动的参与程度,只有 3% 的男性总是参加,16.7% 的受访者有时参加,这些比例都要高于女性;从不参加活动和不知情的男性比例分别是 22.1% 和 34.2%,这些比例要么低于女性要么与女性相差不多,可见,社区活动参与情况为正向(总是参加、有时参加)的男性多于女性,而参与情况为负向(从不参加、不知情)的男性少于女性。卡方检验得知,$\chi^2 = 29.407$,df = 4,sig. = 0.000,可见,不同性别农民工在社区活动参与上存在显著差异,同男性农民工相比,女性农民工的社区活动参与程度显著更低。

表 4-9 性别与是否参加社区举行的各种活动的交互列联表

性别	是否参加社区举行的各种活动					合计	χ^2	df	sig.
	总是参加	有时参加	偶尔参加	从不参加	不知情	N			
男	3.0%	16.7%	23.9%	22.1%	34.2%	3323	29.407	4	0.000
女	1.9%	14.0%	23.6%	26.5%	34.1%	3273			

针对"你在北京参加以下哪些组织或群体"这一问题的回答是(N = 3282),59.9% 的女性没有参加选项中提及的任何组织,12.4% 的女性参加工会,6.7% 的女性参加党团组织,5.3% 的女性

参加志愿组织，4.9%的女性参加同乡会，4.7%的女性参加职工代表大会。[①] 从数据中可知，近六成女性农民工没有参与任何组织，对于城市里其他各类组织的参与度也不高。相比较而言，对于男性农民工来说（N = 3323），56.9%的受访者没有参加选项中提及的任何组织，11.2%的受访者参加工会，7.7%的受访者参加党团组织，参加志愿组织和同乡会的各占6.6%。

再来看其他学者的相关调查研究结果。针对"蚁族"进行的调查显示，50.8%的受访者从不参加民间团体组织的活动，44.7%的受访者偶尔参加，有3.1%的受访者经常参加（廉思，2009：100）。11.9%的农民工加入城市的一些组织（王春光，2001）。这些调查结果以及本调查研究结果都很清楚地表明，农民工对于参与各类社团组织或群体活动的热情度不是很高。

在创建社会主义和谐社会的过程中，社区活动充当满足社区居民业余文化生活需求、密切联系党和政府与广大群众的桥梁，是当地精神文明建设的窗口、社会主义精神文明建设的重要方式。外来农民工之所以对于社区活动的参与度不高，固然有个体时间、精力方面的原因，但是从另一个侧面也说明，这些外来者尚没有很好地适应城市生活，把自己排斥在城市生活之外。

对于"是否愿意参加北京的社会管理工作"，调查结果如表4 - 10所示。8.8%的女性农民工会不惜投入时间精力主动参与，35.8%的人愿意但不能耽误过多的时间精力，38.9%的人在有组织邀请的情况下会参与，10.4%的人在关系到自身利益时会参与，只有6.1%的人回答说不愿意。和女性农民工相比，13.1%的男性会不惜投入时间精力主动参与，38.1%的男性愿意但不能耽误过多的时间精力，28.4%的男性在有组织邀请的情况下会参与，13.2%的人在关系到自身利益时会参与，另外，只有7.1%的男性

---

① 参加其他组织的女性由于其比例过小而没有在此处列出，故各项累加之和小于100%，以下数据分析中凡比例累加之和不等于100%之处，皆为此故。

不愿意参与北京的社会管理工作。从以上数据可见，同女性相比，男性农民工更愿意积极主动地参与北京的社会管理。相比之下，女性的惰性似乎更强，只有在有组织邀请时，她们才会愿意参与管理工作。利用卡方分析可得（N = 6630），χ^2 = 98.285，df = 4，sig. = 0.000，可见，男性农民工和女性农民工对于参加北京市的社会管理工作存在显著差异，男性的主动参与意识更强，女性惰性更强。

表 4 - 10　性别与是否愿意参加北京的社会管理工作的列联表

单位：人，%

是否愿意参加北京的社会管理工作		性别	
		男（N = 3336）	女（N = 3289）
会主动参与，不惜投入时间精力		13.1	8.8
愿意，但不能耽误过多的时间精力		38.1	35.8
如果有组织邀请，会参与		28.4	38.9
如果关系我的利益，会参加		13.2	10.4
不愿意		7.1	6.1
相关性分析	χ^2	98.285	
	df	4	
	sig.	0.000	

从性别上看，男性农民工比女性农民工更愿意参与社会管理，那么是不是说，所有女性都不具有参加社会管理的主动性呢？有学者最近对美国、意大利和英国的研究表明，受过更多教育的人更倾向于参加志愿者协会，因为她们较高的认知能力使其能够更有效地了解和参与政治问题，对政治表现出更大的兴趣，更愿意参加政治性活动。这些人也更可能表达出对他人与机构的信任，更倾向于同他人合作。普特南认为，高学历的人更容易成为参与者并信任他人，部分原因是他们具有更好的经济状况，但主要原因在于这些人在家里和学校时接受的技能、资源等（Green et al. , 2003）。

本调查研究中的农民工是否也呈现如此趋势呢？来看受教育程度与参与社会管理的交互列联表。笔者将选项中的前三项（会主动参与，不惜投入时间精力；愿意，但不能耽误过多的时间精力；如果有组织邀请，会参与）归为一类，将其视为愿意主动参与北京的社会管理，将后两项（如果关系到我的利益，会参加；不愿意）归为一类，将其视为不愿意主动参与。结果见表 4 – 11，从表中可见，随着受教育程度的提高，愿意参加北京社会管理的比例从 79.0% 提高到 90.4%，而不愿意参加的比例则依次降低。对女性受教育程度与是否参与北京社会管理的相关性进行卡方分析（N = 3278），χ^2 = 45.871，df = 3，sig. = 0.000，可见，受教育程度对于女性农民工是否参与北京社会管理的确有显著影响，受教育程度越高的人，其参与北京社会管理工作的意愿越强。可见，国外学者针对美国、意大利和英国的研究结论对于北京女性农民工而言，也具有一定的解释力。

表 4 – 11　受教育程度与参与社会管理的交互列联表

单位：%，人

受教育程度		参与社会管理情况		N
		愿意	不愿意	
本科及以上		90.4	9.6	420
大专		86.7	13.3	687
高中（含职高、中专、技校）		83.3	16.7	1172
初中及以下		79.0	2i.0	999
相关性分析	χ^2	45.871		
	df	3		
	sig.	0.000		

针对"是否愿意参加北京的志愿服务活动"，65.6% 的女性农民工愿意参加，5.3% 的女性不愿意参加，还有 29.1% 的女性没有想过这个问题。而男性农民工的比例分别是 62.1%、7.5% 和 30.4%。可见，同男性农民工相比，女性更愿意参与志愿服务活

动。经卡方检验可知（N = 6522），χ^2 = 16.971，df = 2，sig. = 0.000，性别在志愿服务活动上有显著差异，女性对于志愿服务活动更感兴趣。

究其原因，有学者分析认为，传统的家庭制度远未消失，家庭把首要责任重担压在妻子肩上。女性必须要准备一日三餐，收拾屋子、衣物和其他所有物，更不用说抚养孩子、招待客人（伦斯基，1988：422），较重的家庭负担往往导致其精力有限，这或许是造成女性对于某些社会活动参与度不高的原因。事实上，女性较趋向于参加邻里的典礼或社区的一些宗教仪式活动等（转引自陆芳萍，2005：10）。

流动人口的社区参与是社会文化适应的一个重要方面。本数据表明，同男性相比，女性的社团组织活动、社区管理等方面的参与程度似乎极其有限，但是，女性对于志愿服务活动的兴趣高于男性。从社会结构角度看，女性农民工是城市的无"根"一族，她们没有真正属于自己的正式组织。尽管近年来，随着市场经济的发展而逐步建立起来诸多社区组织、文化团体、福利组织等，但是这些组织都没有真正将农民工涵盖在内。正如社会排斥理论所表述的，外来移民新来到迁入地时会受到社会排斥，没有以该社会的公民身份参与正常活动，他们的政治活动参与度不高，参与公共事务的程度低，闲暇时间少。本文数据一致说明，外来农民工群体，无论是男性还是女性，对于社区的参与度都非常低，他（她）们很少参与组织或群体活动。总之，农民工的过客心理，不仅使其对所在城市缺少责任感和归属感，而且还不愿意积极介入城市社会，不愿意主动吸纳城市文明，从而导致农民工的城市适应度较低（曹宗一，2010）。

4.2.3　人际交往

人是社会性动物，不能脱离他人纯粹地生活，日常人际交往与互动对于任何正常人来说都极其重要。人际交往是行动主体运用各种手段进行人际、群际间的联系和往来，使行动主体在经济、政治、文化、心理等方面产生相互影响，其实质是人们彼此之间的相互作用。这种日常交往有助于农民工与市民生成一种亲密关系，帮助其更好地了解城市，获得各类资源与信息，形成对城市的认同与归属感。在与城市居民的频繁交往中，农民工的城市适应程度会逐渐提高。总之，与城市人的交往是农民工适应城市、融入城市社会的主要途径，也是考察农民工适应城市社会程度的一个标志。本研究从社会交往对象、对交往行为的态度等方面进行测度。

1. 社会交往对象

关于社会交往对象，本研究以工作单位里的同事、业余生活中与谁交往最多、朋友中是否有北京人来测度。

针对"工作单位里，您的同事主要是谁"这一问题，女性农民工的回答是：老乡（12.7%）、来自其他地方的人（69.5%）、北京人（15.9%）。对于男性农民工而言，其回答分别是老乡（19.7%）、来自其他地方的人（65.6%）、北京人（13.5%）。整体上看，无论是对于男性农民工还是女性农民工来说，有八成以上的受访者的社会交往对象由外乡人或老乡，即非北京人构成。可以认为，绝大多数的农民工同与其有类似背景的人一起工作。卡方分析可得，$\chi^2 = 66.388$，df = 3，sig. = 0.000，表明男性农民工和女性农民工的交往对象不同。男性农民工的交往对象中，老乡更多；女性的交往对象中，北京人更多。

针对"业余生活中的主要交往对象"这一问题，回答见表4-12。对于女性来说，其交往比例从高到低依次是：同事（26.6%）、配偶（21.8%）、朋友同学（非老乡）（20.4%）、老乡（20.2%）。对于男性来说，其交往比例从高到低依次是：同事（30.8%）、老乡（30.4%）、朋友同学（非老乡）（17.3%）。卡方分析表明，$\chi^2 = 183.595$，df = 6，sig. = 0.000，可见，女性农民工与男性农民工的交往对象存在显著差异。业余生活中，女性交往结构比较均衡，与同事、配偶、朋友同学（非老乡）及老乡的交往比例大致相等，都在20%左右。而男性农民工的交往对象结构则与女性不同，其更愿意与同事及老乡交往，二者合计比例占到其社会交往对象的六成以上。

表4-12 业余生活中的主要交往对象

单位：人，%

		女性		男性	
		频次	百分比	频次	百分比
配偶		718	21.8	431	12.9
亲戚		302	9.2	221	6.6
老乡		667	20.2	1014	30.4
朋友同学（非老乡）		673	20.4	576	17.3
同事		877	26.6	1026	30.8
网友		18	0.5	37	1.1
其他		39	1.2	27	0.8
合计		3294	100.0	3332	100.0
相关性分析	χ^2	183.595			
	df	6			
	sig.	0.000			

对于"你的朋友中有北京人吗"，调查结果见表4-13（N=3259）。24.6%的女性没有北京人朋友，37.4%的女性只有1~2个北京人朋友，14.4%的受访者有3~4个北京人朋友，23.5%的女性有5个及以上北京人朋友。而对于男性农民工来说（N=3299），27.6%的人没有北京人朋友，35.0%的受访者只有1~2个北京人朋友，有3~4个、5个及以上北京人朋友的比例分别是14.7%和22.7%。平均而言，女性农民工有2.24个北京人朋友，男性有2.17个北京人朋友，经卡方分析可得，$\chi^2=8.937$，df=3，sig=0.039，表明男性农民工与女性农民工的北京人朋友数量有显著差异，女性拥有的北京人朋友数量更多，这表明女性

的城市适应能力要好于男性。

表 4 – 13　朋友中的北京人数量

单位：人，%

	女性		男性	
	频率	百分比	频率	百分比
没有	803	24.6	911	27.6
1~2 个	1220	37.4	1154	35.0
3~4 个	469	14.4	486	14.7
5 个及以上	767	23.5	748	22.7
合计	3259	100.0	3299	100.0
相关性分析	χ^2 df sig.	8.937 3 0.039		

　　一个秩序良好的社会应该是一个伙伴关系的社会，"在一切科学领域是伙伴关系，在一切艺术事业里是伙伴关系，在一切美德里是伙伴关系，在一切领域中都是这样"（转引自普特南，2001：134）。在笔者看来，若要很好地适应社会，个体与其他成员之间也应该具有类似的伙伴关系，合作互助，彼此承担义务，相互信任，在横向的关系与交往中，一起面对任何单独个体无法应付的问题。我们在生活中离不开朋友，朋友就像生命中的一缕阳光，充满我们的生活，温暖我们的内心，照亮内心的黑暗。任何美好的东西都是历经千辛万苦才能得来的，当然，交朋友更是需要时间的。从陌生人开始，认识他，到与其交往，了解他，再到与其建立深厚的友谊，无不需要时间的历练。现在来看女性农民工外出打工时间与其朋友中北京人数量的相关性，结果如表 4 – 14 所示。可见，当在外打工时间较短时，大多数农民工的朋友中没有北京人或者朋友数量很少，随着在外打工时间的延长，其朋友数量也在逐渐增多，时间对于建立个人朋友圈的影响可见一斑。

表 4 - 14　朋友中的北京人数量与外出打工时间的交互列联表

单位：%

朋友数量	在外打工时间			合计
	1 ~ 5 年	6 ~ 10 年	11 年以上	
没有	72.9	18.4	8.6	100.0
1 ~ 2 个	57.9	30.7	11.4	100.0
3 ~ 4 个	55.2	30.5	14.3	100.0
5 个及以上	48.3	36.0	15.7	100.0

　　针对"你的邻居主要是哪些人"，关于女性农民工的调查结果表明（N = 3259），18.6% 的人其邻居是当地人，21.9% 的人其邻居中有少数外来务工人员，36.3% 的受访者其邻居中外来务工人员很多，还有 23.2% 的受访者其邻居全部都是外来务工人员。男性农民工的调查结果表明（N = 3302），13.6% 的受访者其邻居都是当地人，21.3% 的人其邻居中有少数外来务工人员，37.7% 的人其邻居中外来务工人员很多，还有 27.4% 的男性其邻居全部都是外来务工人员。应用卡方分析可得，$\chi^2 = 37.410$，df = 3，sig. = 0.000，表明女性农民工与男性农民工的邻居构成不同。女性农民工的邻居中，当地人更多；男性农民工的邻居中，外来务工人员更多。

　　尽管如此，从数据可见，无论是男性农民工还是女性农民工，他们中的大多数（六成多）居住在与其具有相同身份的外来打工者较多的小区，即他们与同其具有类似社会地位及社会背景的人为邻，物理空间较近，生活背景相似，同质性互动强。其他学者的相关研究也表明，农民工多数居住在单位宿舍、工地工棚、生产场所以及"城中村"等城乡结合部，在生活方式、行为等方面并未实质性地融入城市而实际处于"半城市化"状态（王春光，2006）。

　　众所周知，中国城市中心的房租及房价普遍高于城市周边地区，外来人员出于经济上的考虑，选择的居住地点往往是城乡结合部，那里房租低廉，但是居住环境比较恶劣、交通不够畅通。普通市民对于居住在这里的人们通常有一种隔离感、疏远感或歧视感，使得定居者自视低人一等，因此他们与城市市民进行的互动就少，难以产生归属感，其适应城市生活更加困难。事实上，外来者与城市居民的物理空间距离越远，越不利于其适应城市。

2. 对交往行为的态度

从上文的分析可知，在京农民工无论是平时还是业余时间的交往对象同质性很强，而男性农民工的交往对象同质性更强。那么这些外来者渴望与城里人交往吗？她们又是如何看待与本地人交往的呢？本研究用与城市居民聊天意愿、与城市居民工作意愿、与城市居民为邻意愿、与城市居民通婚或结亲意愿等指标测量农民工对交往行为的态度。将回答选项设计为"非常不同意""比较不同意""一般""比较同意""非常同意"，每项指标分别赋值1分到5分，均值越高表示交往意愿越强烈。从表4-15可以看出，无论是女性农民工还是男性农民工，都有大约10%的人对于同北京人聊天、工作、结为邻居持否定态度，有近四成的受访者持肯定态度，还有一半左右的人持不置可否的"一般"态度。其中有20.8%女性农民工不同意与北京人通婚或结亲，而对于男性来说，这一比例只有16.5%。

可见，绝大多数女性对于与北京人聊天、一起工作、比邻而居持乐观态度，她们愿意主动同北京人进行交往。运用卡方分析可知，男性农民工及女性农民工在同北京人一起工作的态度上没有显著差异，但是在同北京人聊天、比邻而居以及通婚方面，有显著差异，尤其是在通婚方面，同男性相比，女性更加不愿意同当地人通婚或结成亲戚。这表明，在通婚或结亲方面，女性外来者持更加谨慎的态度。对于女性来说，如果嫁给当地人，就可以永久地居住在城市，可是她们与当地人的通婚意愿为什么显著低于男性呢？这或许和现行落户政策有关，子女落户的现行政策是随母落户。如果女性农民工嫁给当地人，其子女随母落户，那么子女仍然无法获得北京城市户口。因此，即使外来女期盼嫁给当地人而改变自己的身份，但是当地男性却不敢娶之。如果这是当地大多数适龄男性的真实顾虑的话，那么女性出于对尊严等方面的考虑，自然不会委屈或将就自己而与之通婚或结成亲戚。而与城市女性结婚的男性农民工则不会遇到此类问题。因此，愿意与城市人通婚的男性比例自然高于女性。

从均值上看，女性农民工对于与北京人进行以上行为交往（除了通婚或结成亲戚）的平均得分分别为 3.37、3.39 和 3.38，这些得分都高于男性，只是在通婚一项上，女性得分显著低于男性。可见，女性农民工对于与本地人的行为交往持正向态度，她们更加开放，愿意主动同本地人沟通往来，唯独在婚姻方面，女性的交往意愿低得多。

表 4－15　农民工对与北京人交往的态度

单位：%

		聊天	工作	成为邻居	通婚或结成亲戚
非常不同意		2.2（3.6）	2.4（3.3）	3.0（4.2）	9.2（8.2）
比较不同意		6.0（6.0）	7.8（7.8）	8.1（8.8）	11.6（8.3）
一般		55.2（53.3）	50.9（49.9）	50.2（47.7）	43.4（42.3）
比较同意		25.3（25.3）	26.5（26.5）	25.4（25.9）	20.3（22.7）
非常同意		11.2（11.7）	12.5（12.5）	13.2（13.3）	15.5（18.4）
均值		3.37（3.35）	3.39（3.37）	3.38（3.35）	3.21（3.35）
N		3269（3307）	3266（3291）	3257（3291）	3229（3261）
相关性分析	χ^2	12.340	5.191	9.470	32.507
	df	4	4	4	4
	sig.	0.015	0.268	0.050	0.000

注：括号内为男性数据。

再来看其他学者的相关研究。有学者基于 2006 年"成都青年农民工状况调查"得出的结论如下：自我报告"非常愿意"与当地城市居民交往的新生代农民工占 18.1%，"比较愿意"的占 36.9%，"一般"的占 36.6%，"不太愿意"的占 7.7%，"很不愿意"的占 0.7%（许传新，2007b）。该结论与本调查结果相差不大。

总之，生活方式不仅体现出个体生活的形式与特点，同时也具有鲜明的群体性。农民工进城以后，随着其与土地、大自然距离的拉远，逐渐失去对大自然、土地的亲切感，生活方式也日益远离乡土，开始具有城市气息。一方面，他们试图增加与市民的接触机会而努力加深与当地市民的交往，努力敞开胸怀，拥抱城市生活，尝试得到当地人的认同。然而，事实是，由于各种主观及客观原因，他们参与本地及社区组织的各类活动、与本地人进行社会交往的时间与机会极为有限，日常生活的交往仅局限于同乡、同事以及来自其他地区的农村人，大多数农民工在社会交往中依赖和选择同质群体以及初级社会关系，并以此为基础和以"我"为中心来构造他们交往与互动的差序格局（柯兰君、李汉林，2001：36）。该群体在社会文化适应方面仍然无法避免明显的封闭性、有限性。

4.3 心理层面

外来人员来到北京开始现代化的城市生活，这在一定程度上开启了感受现代化物质文明之旅。然而城市人与乡村人毕竟具有两种不同的思维方式。"城市已经形成自身特有的城市心理，与乡村心理迥然不同。城市人的思维方式是因果论的，理想性方式的；农村人的思想方法则是自然主义的，幻想式的"（帕克等，1987：269）。正如有学者认为，农民工对于城市具有不同程度的心理距离（许传新等，2007c）。因此，要想完全适应城市生活，外来者就应该在心理和行为上都接受和习惯城市的生活方式、工作方式、行为方式和价值观念（符平，2006：139）。

有学者认为，当社会个体或群体背景发生变化时，他们在原有文化中形成的心理状态就变成为一种心理背景，而在新环境中出现的心理反应就首先落在这个心理背景上。此时，若新环境中的心理反应同心理背景协调，个体或群体就能够适应新文化背景，否则，个体就无法适应新的环境（郑杭生，1987：411）。真正适应社会并融入社会必然是建立在外来人口对迁入地高度的心理认同之上的（崔岩，2012：141~142）。这种适应要求其内化城市的文化价值观念、生活方式，真正在心理上认同、适应城市的生活方式，重新在情感上找到自己的归宿。芝加哥学派代表人物罗伯特·帕克在给城市下定义时也指出：城市是一种心理状态，是各种礼俗和传统构成的整体，是这些礼俗中所包含并随传统而流传的那些统一思想和感情所构成的整体。本研究从身份认同、价值观、自评社会经济地位、对北京的认知、北京市民的态度等方面测度在京农民工的心理适应状况。

4.3.1 身份认同

认同是个人基于某种情感和价值的意义对自己属于特定社会群体的认识（巴比等，2004：202）。社会学家简金斯也认为，认同概念实际上包含两种人际关系因素，基于人们统一性的关系和基于差异性的关系，即一方面认同概念揭示出"我们"是谁；另一方面，又区分"他们"是谁。"我们"和"他们"有不同的群体属性，不同的文化、不同的历史以及不同的特征（转引自林青，2009：39~40）。外来人口是否认为自己是"本地人"可以作为其在居住地社会适应的重要标志（张文宏、雷开春，2008；陆淑珍、魏万青，2011）。本研究也认为，外来人口的本地身份认同能够反映其社会心理适应情况，故本研究用"你自己更喜欢哪个称呼"测度农民工的自我身份认同。

从表4-16中可以看出，无论是男性农民工还是女性农民工对于自己身份的认同有相同趋势：四成左右的女性农民工（42.0%，N=3284）和男性农民工（36.3%，N=3331）说不清应该如何称呼自己，其他的称谓中，流动青年、新居民、打工者较受到外来者的认同，但也只有一成左右的比例。调查对象中，只有5.5%的男性及女性农民工认为自己是北京人。女性农民工最不喜欢的称谓是农民工（1.5%）、外来工（2.4%）和农村人（2.7%）；男性最不喜欢的称谓是外来工（3.2%）、农民工（4.0%）。运用卡方分析可得，$\chi^2 = 134.691$，df = 9，sig. = 0.000，表明不同性别的务工者在称谓选择偏好上有显著差异。

表 4 - 16　你更喜欢的称谓

单位：%

	女性	男性
北京人	5.5	5.5
农村人	2.7	5.5
打工者	9.6	11.0
农民工	1.5	4.0
新居民	11.1	10.4
外来工	2.4	3.2
白领	11.0	7.0
流动青年	9.8	13.1
说不清	42.0	36.3
其他	4.3	4.0
相关性分析	χ^2	134.691
	df	9
	sig.	0.000

从数据中还可以看出，女性更加不喜欢"农村人"这一标签。正如学者的研究表明，农村女性的心理不适应感比男性强，对安全感与归属感方面的需求高（扈海丽，1997）。事实上，在外打工多年的城市经历已经使农民工远离"农村人"的生活行为模式，不再具有"农村人"的烙印，他们开始逐渐向城市生活方式靠近，然而即使这样也没有提高他们对城市的认可度。四成左右的农民工（男性和女性）"说不清"自己到底应该归属为哪类人，即他们不认为自己是城市人，与此同时他们也不认为自己是农村人。从某种程度上说，这正反映出大部分农民工纠结而复杂的心态：作

为城里的暂住客，他们没有城市户口，没有属于自己的住房，工作也是暂时的；作为城市里的边缘人和过客，无法被城市所接纳，不知道哪一天就会离开，因此觉得自己并未真正属于城市。实际上，这种"边缘化"的模糊心态表明他们对留在城市仍然抱有一线希望，但是又没有办法看到真正的希望，而处于混沌、焦虑、迷惘与困惑之中。事实上，这种模糊的身份认同和角色定位表明其对城市的适应尚不充分，难以对北京形成认同感和归属感。

从数据中还可以看出，只有 1.5% 的女性受访者和 4.0% 的男性受访者喜欢称自己为"农民工"，这一称谓是女性中所占比例最低、最不受欢迎的一个称谓，在男性中所占比例尽管不是最低，但也颇不受欢迎。这表明大多数外来务工者不喜欢也不认同自己是"农民工"。然而，这一称谓却恰恰是学界讨论时使用最多的。用"农民工"一词指代从农村进入城市的外来群体，无论是学术研究文献还是政府工作报告中都极其常见。2004 年 3 月 5 日，时任总理温家宝在《政府工作报告》里使用"农民工"一词。2006 年，国务院制定和实施《国务院关于解决农民工问题的若干意见》，该意见中就使用了"农民工"这一称谓。对此，国务院研究室相关负责人介绍道，"农民工"的称谓是广泛听取多方面意见和反复研讨斟酌后确定的，具有科学的合理性。学术研究中，以"农民工"为关键词的研究文献浩如烟海。由此可见学术研究与现实生活中当事人对自我身份的认同存在巨大的偏差。

但是为什么这样一个诸多学者以及广大民众经常使用的称谓在农民工本人那里如此不受"待见"呢？

实际上，农民工作为我国二元结构之产物，这一称谓在笔者看来具有一定的歧视性。从地域上讲，他们是城市市民；从职业上讲，他们是产业工人，但是其法定身份仍然是农民（邓秀华，2010）。从制度身份上看，尽管这些外来者在城市工作，长期生活在城市环境中，但是他们的户籍仍在农村，城市打工的经历并不能将农民的身份合理地转向城市市民，而拥有城市户口的城市居民和拥有农村户口的农村居民享受的是完全不同的公共福利。现存的社会制度结构不能给予他们与市民相同的待遇和社会福利保障。因此，"农民工"这一称谓不仅体现出地域差异，而且在某种程度上也体现出城乡壁垒、户籍鸿沟以及随之而来的福利待遇差异。

在本数据中，称自己为"外来工"的比例也相当低。除了"外来工"之外，诸如"外来人口""外来务工经商人口""外来流动人口"也是常见的指代称谓。外来工或外来人口，这一简单称谓具有特定的内容和丰富的含义，一个"外"字就把城市人与农村人区分开——我们是主，你们是客，城市是我们的城市，农村才是你们的农村。你们是外来的，侵占本来属于我们的资源和空间，这意味着个体所处的经济和社会地位的相对低下，但更多的意涵指他们处于体制之外，在社会结构里无法恰当安放自己的位置。

但是，还有什么称谓更加适合指代该群体呢？"暂住人口""自流人口""暂时性迁移人口""流迁人口"等相对复杂的称谓尽管不时见诸各大报端和研究报告中，然而从本调查的结果看，受访者对"打工者""新居民""外来工""流动青年"等多种称谓的选择相当分散，"新移民""新市民"等还未得到广泛的认可和使用，因此，对于这一群体目前还没有更合适的称谓，关于称谓问题尚无法达成统一。

再来看其他学者的调查结果。南京大学社会学系 1998 年暑假进行的进城农民工自我身份定位的调查结果显示（N = 388），40% 的农民工把自己定位为"农村人"，37% 的人"说不上"自己的身份定位，另外 20% 的人把自己划归为"半个城里人"，只有 3% 的进城农民工把自己定位为"城里人"（朱力，2002）。王春光的调查表明，78.5% 的人认为自己是"新生代农民工"，10.9% 的人认为自己不是农民（2001）。

结合其他学者的调查和本调查的数据结果，可以看出，尽管外来农民工在城市生活工作，有些人甚至已经生活工作多年，但是他们中的绝大多数并不认为自己是北京人或城里人，依然认为自己是打工者、新居民、流动小青年，自我身份认同呈现出边缘化倾向。这些足以说明，相当数量的外来务工人员在心理上没有对城市产生归属感，只是将自己作为城市里的过客或边缘人对待。

事实上，身份认同是"社会记忆与社会时空相互作用的产物，社会环境和文化心理结构对主体的认同起着形塑作用"，农民工的迁移过程以及城市生活经历作为一种社会记忆会对其身份认同产生一定影响。因此，不一样的个体对于自己的身份有着不一样的认识。

但是，这种"社会时空、情境的变迁特性决定认同是一个不断学习、修正的过程"（周明宝，2004）。女性农民工来到城市，选择在北京生活居住，从接触城市、适应城市到完全融入城市，是一个需要时间的过程。那么，经过一段时间的城市生活后，这些外来者是否就觉得自己是城里人了呢？

下面分析她们在北京居住时间与称谓之间的相关性。表 4 – 17 是称谓与年龄的交互列联表（N = 3209），利用卡方检验分析，χ^2 = 53.971，df = 18，sig. = 0.000。数据表明，整体上看，在北京居住时间越长，女性农民工对"北京人""新居民"这些具有城市亲近感的称谓的偏好就越强，越不喜欢"农村人""流动青年"——具有地域性攻击而且稍显轻蔑与歧视的称谓。

表 4 – 17　你自己更喜欢的称谓与在外打工时间的交互列联表

单位：%

	北京居住时间			合计
	1 ~ 5 年	6 ~ 10 年	11 年及以上	
北京人	5.4	5.3	6.9	5.6
农村人	2.8	2.4	3.1	2.7
打工者	8.3	10.7	12.3	9.5
农民工	1.6	1.0	2.1	1.5
新居民	9.1	12.9	15.9	11.0
外来工	2.3	2.9	1.8	2.4
白领	11.6	10.8	8.0	10.9

续表

		北京居住时间		合计
		1~5 年	6~10 年	11 年及以上	

		1~5 年	6~10 年	11 年及以上	合计
流动青年		11.0	8.5	6.9	9.8
说不清		42.6	43.0	39.1	42.3
其他		5.2	2.6	3.9	4.3
相关性分析	χ^2	53.971			
	Df	18			
	sig.	0.000			

由上述分析可知，这些选择在北京生活、工作、打拼的外来群体不认同自己的城市身份，他们不喜欢"北京人"这一称谓，同时更讨厌"农民工"这一标签。其中又有哪些原因呢？从表 4-18（N=2895）可以窥见一斑。一半以上（55.5%）的女性农民工认为自己不是北京人的原因为没有北京户口和自己的房子，还有 15.3%的人认为自己没有享受到与北京市民同等的待遇，10.0%的务工者认为不太可能在北京扎根。对于男性来说，只有 52.6%的人归因为户口与房子，可见，女性对于自己身份的理解不同于男性。

表 4-18　认为自己不是北京人的原因

单位：%

	女性	男性
没有北京户口	29.4	27.6
没有自己的房子	26.1	25.0
难以留京，以后回老家	10.0	11.4
没有与北京市民同等的待遇	15.3	14.8
没有稳定工作	8.7	8.5
与北京市民没有来往	2.3	2.7
家人在农村，习惯农村生活	2.2	3.1
不喜欢北京	1.3	1.4
城里人这么认为	1.4	1.5

	女性	男性
北京对我们没有感情	2.6	3.5
其他	0.6	0.5

再来看其他学者的相关研究结果。打工妹的身份认同是模糊的，有学者将其归因为户籍制度（马冬玲，2009）。南京大学的调查发现：农民工认为自己与城市居民的根本差别是户口的占53.9%，是社会关系的占16.9%，是稳定工作的占11.2%，是房子的占11.2%，是其他因素的占6.7%（朱力，2002）。其他学者及本研究都表明，户口对于外来者的身份认同很重要，户口是把进城农民工与城市居民区分开的主要因素，僵硬的户籍制度在农民工与城市市民身份之间划出一条天然鸿沟，使得这些外来者在社会身份上无法成为他们所居住和工作的城市里的一员。那么城市户口尤其是大都市的户口可以为个体带来哪些利益呢？北京户口的含金量体现在哪里呢？

户口制度始于1959年，每个人出生时在地方相关部门登记，若暂时或永久移居其他地方都要向户口所在地申请，这一规定标志着以严格限制农村人口向城市流动为核心的户口迁移制度的形成，而这一限制居民随意流动的政策当时是为了应对城市无法容纳大量流入的农村移民而制定的。北京户口意味着户口持有者可以在北京购买经济适用房，其子女在北京上学不用交高昂的赞助费，可以接受就业福利和免费的技术培训等。然而，事实是，由于农民工不能取得北京城市户口，无法享受到城市居民享受到的各种待遇，无法购买居住用房，子女无法接受良好的教育，因此她们对于城市社区缺乏认同感，只是将城市看作赚钱和暂时栖身之所。农民工只有在真正同城市居民享有同等的权利和待遇的前提下，才会产生对城市的认同感和归属感，城市适应能力才会有所提高。因此，要提高女性农民工的城市社会适应性，政府要切实保障她们的养老、住房、医疗、就业、教育等城市权益，让农民工平等地享有公共服务资源，另一方面也需要引导城市居民从心理上接纳农民工。

既然北京户口拥有如此多的优惠，那么外来农民工能否获得北京户口呢？她（他）们通过哪些途径能够获得北京户口呢？再来看北京市现行的落户政策。

2014 年北京落户政策表明申请者通过以下途径可以取得北京户口：①新生儿；②高端人才；③应届毕业生；④有条件投靠者；⑤劳模等；⑥商人；⑦通过公务员考试应聘有进京指标的各类企业等的其他人员。从 2014 年的落户政策上看，这 7 条中没有哪一条是针对普通农民工的。再来看 2015 年的落户政策。2015 年 2 月 5 日，国家发改委等 11 部门下发《关于开展国家新型城镇化综合试点工作的通知》及《国家新型城镇化综合试点方案》，将北京通州等 62 个城市（镇）列为国家新型城镇化综合试点地区。根据该方案，通州将推进积分落户政策，以具有合法稳定就业等为主要指标，合理设置积分分值，达到一定分值的居民可以申请落户。据了解，北京通州积分入户的基本条件有六个：①持有《北京居住证》满 10 年以上；②在本区有住房或者租房满 8 年以上；③985 院校或者中科院系统研究所毕业硕士（脱产）；④持有《北京居住证》期间在本区连续缴纳社会保险满 10 年以上；⑤国家中级以上职称；⑥无刑事前科。可以看出，这 6 条落户北京通州的条件已经很明显地将普通人和精英进行等级划分，对于其中任何一条，普通人都难以达到，就更不要说外来务工人员了。

再来看其他几个大城市的积分落户政策。广州的积分落户政策面向的是所有外来人员，也就是说，无论是农民工还是大学生，都可以按照这套体系进行测评。但是广州积分落户政策的问题在于，学历和政府奖励等权重值很高，而社保等要素的分值较低。因此，对于很多外来人员来说，"积分落户"仍然高不可攀，但是这毕竟是为身处最底层的外来务工人员设计出的一条通往户籍的阳光大道，其社会效果还是非常明显的。再来看上海，上海市的落户规定是，只要满足持有居住证达到 7 年、积分达到一定标准等条件，就有资格获得上海户籍。但是该政策针对的对象不是所有的外来人员，而是满足居住证制度要求的外来"人才"。

从以上落户积分政策分析可知，无论是北京、上海，还是广州这些城市的落户政策，没有哪一条款是外来务工人员容易达到的。这也就意味着，根据北京现行的落户政策，农民工们要想获得北京户口的可能性微乎其微。所以从这个意义上说，农民工认为自己不是北京人、不喜欢"北京人"这一称谓就不足为奇了。

4.3.2 价值观

外来打工者从农村来到城市，获得一份比较稳定的工作并具有一定的经济独立性，这仅仅是其建构城市生活世界的第一步。只有当其价值观从与乡村文化相吻合转变为与城市文化相匹配时，才可以认为他们在一定程度上从"农村丑小鸭"转变为"城市白天鹅"。在这一转变过程中，个体必然面对城乡两种不同的行为模式，遭遇两种不同价值观的相互碰撞，导致其经常性的无所适从。然而，无论如何，只有在完成价值观的城市化之后，他们才能结束在乡村文化和城市文化中游荡的边缘人的生活历程（朱虹，2004），实现对城市的适应。本研究用是否赞同"男主外、女主内"来测度女性农民工的价值观。

针对"你赞同男主外、女主内的说法吗"，回答选项设计为"非常不赞成""比较不赞成""一般""比较赞成""非常赞成"，并将其分别赋值为 1 ~ 5 分，分值越高表明赞成程度越高。结果见表 4 - 19，数据表明，6.5% 的女性受访者非常赞同这一说法，19.6% 的女性受访者比较赞成，40.2% 的受访者态度一般，比较不赞成和非常不赞成的比例分别为 19.4% 和 14.3%，即女性农民工对此说法持正向认同态度的占 1/4，平均分值为 2.85，标准差为 1.095。可以这样认为，平均而言，女性农民工对于"男主外、女主内"的赞成度不高。

表4-19 性别与赞同"男主外、女主内"说法的交互列联表

单位：%，人

性别	赞同"男主外、女主内"的说法吗					合计	相关性分析
	非常赞成	比较赞成	一般	比较不赞成	非常不赞成	N	$\chi^2 = 293.481$
男	12.4	26.5	44.4	10.4	6.3	3326	df = 4
女	6.5	19.6	40.2	19.4	14.3	3299	sig. = 0.000

另一方面，男性农民工对此说法持正向态度的有近四成比例，平均得分为3.28，标准差为1.018，应用卡方分析检验可得，$\chi^2 = 293.481$，df = 4，sig. = 0.000，表明男性农民工与女性农民工就"男主外、女主内"持显著不同观点，男性对于此观念的认同度更高，而且其认同差异更小。如何解释这种差异？正如制度分析学派分析的那样，在一个男性占据主要决策地位并在资源占有中处于支配地位的社会，女性只能通过丈夫和儿子间接地实现对资源的使用（杨云彦，2001），这就决定了男性与女性在社会结构中的位置不同，导致不同性别之人的价值观也有差异。

再来看其他学者的调查结果。有学者利用1990年、2000年和2010年三期中国妇女社会地位调查的相关数据，分析城镇及农村居民对"男主外，女主内"这一性别观念的态度。结果表明，城镇女性最不赞同该说法，城镇男性次之，农村男性排第三位，农村女性最赞成该说法（贾云竹、马冬玲，2015：34）。上海市妇联进行的一项调查显示，不赞同"男性以社会为主，女性以家庭为主"的女大学生占77.1%，但是男大学生中，持赞同态度的占42.3%（王枫，2004）。可见，即使同为女性，由于其生活成长环境的不同，对于男女社会分工的认识也存在城乡差距。一般而言，城镇女性的受教育程度普遍更高，视野更开阔，更具独立性，愿意到家庭之外发展自己而不是局限在家庭内部，尤其是接受高等教育的女性更是拒绝把自己定位在家庭之内。

4.3.3　自评社会经济地位

社会经济地位是从经济学和社会学视角出发，基于收入、教育和职业等因素对个体或家庭相对于他人的经济和社会地位的总体衡量。流动人口对于自己社会经济地位的评价是其对城市生活的一种价值判断，是一个人形成自我概念的重要体现，即劳动力市场的地位和处境会影响农民工的社会适应能力（李强，2000；张胜国，2007）。

"在你看来，你本人的社会经济地位在北京属于何种地位"的回答见表 4 - 20。0.3% 的女性农民工认为自己属于"上层"，0.9% 的受访者认为自己属于"中上层"，认为自己是"中层""中下层"和"底层"的比例分别为 13.8%、46.7% 和 38.3%。相较于男性而言，认为自己处于以上不同社会经济地位的比例分别是 0.8%、1.3%、10.6%、40.3% 和 47.2%。从数据可见，无论是男性农民工还是女性农民工，近九成的人认为自己处于中下层或底层，而认为自己属于上层和中上层的男性农民工和女性农民工比例只有 2% 和 1%，可见其社会经济地位认同都呈倒"T"形结构。与此同时，男性和女性的社会经济地位评价在某些方面存在一定差异。同女性相比，认为自己处于上层、中上层和社会最底层的男性更多；而认为自己属于中层和中下层的受访者中，女性要多于男性。也就是说，男性的地位自我评价差异性更大，认为自己属于上层和底层的男性比例更高，而女性则更集中于中层和中下层。经卡方分析得到，$\chi^2 = 68.004$，df = 4，sig. = 0.000，表明男性和女性在自己的社会经济地位认同上的确有显著差异。

从前文分析可知，平均而言，女性的受教育程度高于男性，因此对于处于底层的男性比例高于女性似乎不难理解，可是为什么处于上层的女性比例反而低于男性呢？首先，以儒家思想为主的传统文化、男尊女卑的思想观念仍然存在。即使男女能力相同，一些用人单位也倾向于优先考虑男性，尤其对高级管理位置的招聘更是如此。其次，绝大多数已婚女性要承担起管理家庭、相夫教子的重任，其工作能力受到家庭的严重牵涉，从而其晋升的可能性受到影响。最后，社会结构和人们对男性和女性的期望不同。人们以及男人自己对男人的期望远高于女性，因此男性不断努力，不断进步，进而跻身于高层位置。

表4-20　性别与社会经济地位的交互列联表

单位：人，%

性别	上层	中上层	中层	中下层	底层	相关性分析
男（N = 3321）	0.8	1.3	10.6	40.3	47.2	$\chi^2 = 68.004$
女（N = 3265）	0.3	0.9	13.8	46.7	38.3	df = 4 sig. = 0.000

自从布劳、邓肯把教育作为地位获得的重要变量之后，教育就与社会流动紧密地联系在一起。教育被视为实现社会向上流动的主要通道，教育对于社会经济地位的提高作用显著，处于不同社会阶层之人实际上是通过教育来实现社会地位的再生产的。那么，不同受教育程度之人对于自己的社会经济地位有着怎样的认识呢？

关于女性农民工受教育程度与自评社会经济地位的交互列联表见表4-21。可知，整体上看，随着受教育程度的提高，认为自己属于上层、中上层的比例总体上呈降低趋势，认为自己属于中下层的比例提高；另一方面，认为自己属于底层的受访者越来越少。初中及以下学历的女性中处于底层的比例最高，高中、大专、本科及以上学历的女性中处于中下层的比例最高，即受教育程度高的女性，未必处于上层地位，但是受教育程度低，最可能处于社会最底层。再来看男性数据。初中及以下、高中学历的受访者中，认为自己处于底层的比例最高，大专、本科及以上学历的受访者中，认为自己处于中下层的比例较高。也就是说，教育对于个体从下层流入上层社会的影响不大，但是对于个体摆脱底层社会还是起到一定的作用的。利用卡方检验可得，无论是男性还是女性，其卡方值均具有统计显著性，这表明受教育程度不同与社会经济地位评价的确存在显著差异。

表 4 – 21　受教育程度与社会经济地位的交互列联表

单位：%

社会经济地位	受教育程度			
	初中及以下	高中（含职高、中专、技校）	大专	本科及以上
上层	0.6（1.2）	0.2（0.7）	0.1（0.2）	0.2（0.6）
中上层	1.2（1.3）	1.0（1.1）	0.6（1.6）	0.7（1.2）
中层	14.2（10.7）	12.4（9.9）	14.1（13.2）	16.0（8.0）
中下层	37.3（34.3）	48.3（39.0）	50.7（47.8）	57.4（53.8）
底层	46.7（52.5）	38.1（49.3）	34.4（37.3）	25.6（36.4）
N	989（1203）	1161（1222）	686（561）	418（327）
相关性分析 χ^2	80.152（74.506）			
df	12（12）			
sig.	0.000（0.000）			

注：括号内为男性数据。

当评价一个人的社会经济地位时，其收入、受教育程度以及职业往往会被当作一个整体。在分析受教育程度与社会经济地位的相关性之后，我们再来看经济状况与自评社会经济地位评价的相关程度，其交互列联表见表 4 – 22。可见，经济状况越不好的女性，其自评社会经济地位越低，认为自己处于中下层；自评经济状况较好的人，认为自己的社会经济地位也较高，认为自己处于中上层。经卡方检验可得（N = 3264），χ^2 = 1095.091，df = 16，sig. = 0.000，可知，经济状况不同的人对于自己的社会经济地位评价的确存在显著差异。

综合以上分析可知，受教育程度与经济状况都会影响农民工的社会经济地位评价。经济状况与社会经济地位呈正相关，但是受教育程度与社会经济地位并非呈正相关。可以认为，对于女性农民工而言，经济状况对于其社会经济地位评价的影响作用要大于受教育程度。

表 4 – 22　目前的经济状况与社会经济地位的交互列联表

单位：%

目前的经济状况	您本人的社会经济地位					N
	上层	中上层	中层	中下层	底层	合计
很好	16.4 (13.0)	10.9 (5.4)	34.5 (31.5)	20.0 (28.3)	18.2 (21.7)	55 (92)
还不错	0.1 (0.6)	2.0 (3.5)	31.9 (26.0)	43.8 (44.1)	22.2 (25.8)	752 (631)
勉强过得去	0.0 (0.3)	0.4 (0.6)	9.5 (8.3)	54.8 (47.5)	35.3 (43.3)	1728 (1740)
不太好	0.0 (0.2)	0.5 (0.6)	4.0 (2.0)	36.9 (27.0)	58.7 (70.3)	605 (663)
很糟糕	0.0 (1.0)	0.0 (0.5)	3.2 (0.5)	11.3 (13.9)	85.5 (84.0)	124 (194)
相关性分析 χ^2 df sig.	1095.091 (793.675) 16 (16) 0.000 (0.000)					

注：括号内为男性数据。

4.3.4　不公正待遇

世界上从来就不存在绝对的公正与公平，无论多么公正的社会，人们都有可能经历到不公正待遇。外来人口作为城市里的边缘群体，由于其劳动力成本相对较低，劳动力市场供过于求，再考虑到户籍制度、法制建设等方面的因素，这一群体在城市里除了容易受到城市居民的歧视之外，还有可能在其他方面受到不公正待遇。

针对"您在北京务工期间是否遭遇过不公正待遇"（N = 3273），5.4%的女性农民工回答经常遇到，32.1%的女性农民工回答有时遇到，36.4%的女性很少遇到，26.1%的女性从来没有遇到。对于男性来说（N = 3319），对应的比例分别是6.9%、32.6%、37.5%和22.9%。从以上数据可以看出，无论是男性农民工还是女性农民工，都有近四成左右的人遭遇过不公正待遇。遇到不公正待遇的农民工中，女性比例低于男性，从未遇到不公正待遇的农民工中，女性多于男性，也就是说，总体上看，女性农民工遇到的不公正待遇要少于男性。经卡方分析检验得到（N = 6592），χ^2 = 13.606，df = 3，sig. = 0.003，可知，性别对于是否遇到不公正待遇有显著影响，女性遇到的不公正待遇更少。

尽管如此，还有近四成的农民工在北京务工期间遭遇过不公正待遇，这一比例还是比较高的，如何解释这一现象呢？在社会交往中，人们通常依据彼此之间的相似性和差异性把交往对象区分为"我们"和"他们"，即"内群体"和"外群体"。对于外群体来说，人们往往更加关注其与本群之间的总体差异，而忽视该群体中的异质性，从而产生强烈的差异感，即社会优势群体容易对地位相对较低的群体产生社会排斥（崔岩，2012：144）。对于外来务工人员来说，尤其是农民工群体，尽管限制农民工流动的政策已经不复存在，但是长期以来形成的体制性障碍及其影响却难以在短时间内完全消失，内群体之人对于外群体之人持一定程度的偏见和歧视。在城市居民看来，外来者给城市的物质供应、社会治安、环境卫生、交通运输等与日常生活紧密相关的各方面带来一定的压力，农民工的存在使得城市居民要与之一起为了获得某些优势资源而竞争，从某种程度上说，这一外群体正在直接瓜分城市居民的利益。城市人为了将这种"利益让渡"减少到最低限度，就在包括经济在内的某些方面尽可能地盘剥，拖欠工资、克扣工资、延长劳动时间、与城市人同工不同酬等，使外来农民工产生不公平感（许传新，2007b）。

那么当面对不公正待遇时，农民工一般会采取什么样的解决方式以维护自己的合法权益呢？调查结果见表4-23，数据表明，女性农民工遇到不公正待遇时，其最先寻求的三种解决途径依次是：自己找本单位的领导（27.0%）、离开这个老板/雇主（22.2%）以及忍受、发牢骚（17.4%）。男性农民工解决不公正待遇的主要途径与女性相同，对应比例分别为25.8%、21.0%和15.3%。从数据中可以看出，无论是女性农民工还是男性农民工，借助法律武器、寻求法律援助的比例都很低，只有8%左右。

从数据中还可以发现，除了位列第一的解决途径——自己找单位领导解决不公正待遇之外，如果将位列第二及第三的解决途径——离开雇主与忍受同时归为"忍耐"范畴，即有近四成的女性用"忍"之策略来解决城市里的不公正待遇，男性中也有近四成的人选择此种方式。

如何解释这一现象呢？我们知道，在一个主要由熟人构成的社会里，人际交往中的"忍"往往与人情、面子、关系相关联，而在主要以陌生人构成的大都市社会中（秦洁，2013），农民工为何也以"忍"作为解决之策呢？事实上，在由不同阶层、不同职业、不同文化背景的人构成的社会中，挟裹着中国乡土小传统的群体被无情地抛向都市化、现代化、城市化的巨浪之中，在制度性屏障、文化冲突依然存在的城市里求生，"忍"或许是这些外来个体解决不公正待遇的最理性方式。换言之，如果农民工不这样做，而是以法律作为武器解决自身所遇到的不公平，无论是对于本地人，还是对于农民工来说，往往意味着时间、精力、金钱等多方面的损耗，这对于一无户籍、二无稳定工作、三无"社会关系"的城市边缘群体来说，往往会消耗更多的财力、物力，或许意味着更大的牺牲。所以，"忍"在其看来或许是较为可行却又无奈的一种策略。

表4－23　不公正待遇的解决方式

单位：人，%

	女性（N = 3257）		男性（N = 3318）	
	响应百分比	个案百分比	响应百分比	个案百分比
忍受、发牢骚	17.4	26.9	15.3	23.8
离开这个老板/雇主	22.2	34.4	21.0	32.7
自己找本单位领导	27.0	41.8	25.8	40.1
联合其他人一起找老板/雇主	7.2	11.2	7.7	11.9
上访	1.4	2.2	2.1	3.2
寻求新闻媒体帮助	2.2	3.3	3.4	5.2
网络媒体曝光	1.7	2.6	2.3	3.6

续表

	女性（N = 3257）		男性（N = 3318）	
	响应百分比	个案百分比	响应百分比	个案百分比
找本地政府	5.9	9.1	7.3	11.3
找工会、共青团、妇联等群众组织	4.3	6.6	4.0	6.2
通过司法途径解决	7.9	12.2	8.1	12.6
找公益组织	1.4	2.2	1.4	2.2
其他	1.4	2.1	1.6	2.5
总计	100.0	154.6	100.0	155.3

事实上，个体遭遇的歧视和不公平现象越多，其城市社会适应能力就越低。关于歧视和不公平阻碍新生代农民工的城市社会适应，可以用社会学家埃利亚斯（Norbert Elias）的污名化（stigmatization）理论进行解释。一个群体将人性低劣的部分强加在另一个群体之上并加以维持的过程，实质上是两个群体之间特定权力关系作用的结果（杨善华，1999）。粗鲁、肮脏、盗窃、野蛮、不文明、不礼貌等低劣人性，似乎可以合理地加到农民工身上。也就是说，强势群体具有对弱势群体污名化的权力。正像布迪厄场域理论所描述的那样，他们只能占据这样一个先定的受歧视位置，他们所掌控的交际资源因此受到极大限制。他们无法进入他们向往的城市生活圈，与城市居民的社会距离似乎构成不可逾越的鸿沟，阻碍他们对城市的社会适应（许传新，2007c）。

4.3.5 对北京的认知

要想更好地适应城市生活，尽快地适应城市，对城市的了解与认识是必不可少的。而正是在接触城市、靠近城市、适应城市的过程中，农民工开始渐渐对其居住生活的城市产生新的理解和认知，关心城市的建设与发展。本研究从是否关心北京的发展、如何评价北京的管理工作等几方面测度其对北京的认知和认同感。

针对"您是否关心北京的发展"这一题项的回答为"很不关

心""不太关心""一般""比较关心""非常关心",并将其分别赋值 1~5 分,分值越高表明其对北京发展的关注度越高。结果如表 4-24 所示,23.6% 的女性非常关心北京的发展,40.4% 的受访者比较关心,一般、不太关心和很不关心的比例分别为 29.3%、5.8% 和 0.9%。相比较而言,对于男性农民工来说(N = 3334),对于北京的发展"很不关心""不太关心""一般""比较关心""非常关心"的比例分别为 1.6%、6.1%、28.8%、36.8% 和 26.7%。总体上看,无论是男性还是女性,都有六成以上的人对北京发展的关注持正向态度,从平均得分上看,女性平均分值为 3.8,标准差为 0.896;男性平均分值为 3.81,标准差为 0.954,这表明,总体上看,农民工群体还是比较关注北京城市的建设与发展状况的。

另外,从数据上看,对北京发展持极度热情和极度冷漠即"非常关心"和"很不关心"的人中,也是男性多于女性。具体说来,对于北京发展给予非常关注的男性比女性高 3.1 个百分点,很不关注的男性比女性高 0.7 个百分点。经卡方分析检验性别与关心北京发展程度的相关性得到(N = 6630),χ^2 = 19.509,df = 4,sig. = 0.001。可知,男性农民工和女性农民工对于北京市发展的关心程度存在显著差异。

表 4-24 对北京发展的关心程度

单位:人,%

性别	非常关心	比较关心	一般	不太关心	很不关心	合计	相关性分析		
男 (N = 3334)	26.7	36.8	28.8	6.1	1.6	100	χ^2	df	sig.
女 (N = 3296)	23.6	40.4	29.3	5.8	0.9	100	19.509	4	0.001

我们已经得知农民工对北京发展的关心程度,那么他们如何评价北京的管理工作呢?本研究将北京的管理工作分为社会治安、城乡结合部改造、子女教育及升学、医疗服务等方面,将对其评价分为很不满意、不太满意、一般、满意、非常满意五个等级,并对其分别赋值为 1~5 分,分值越高,表明满意度越高。

农民工的评价结果见表4-25。从该数据可以看出，无论是男性农民工还是女性农民工，整体上来看，对北京的社会治安、城乡结合部改造持正向满意态度的只有四成和约三成的比例，对子女教育及升学、医疗服务持正向满意度的只有二成左右的比例。对社会治安、城乡结合部改造不满意的只有一成的比例，而对子女教育及升学、医疗服务不满意的却有三成多的比例，对这两项的评价得分只有2.7左右。很显然，北京的教育及医疗服务还没有很好地将这一部分人群纳入服务与管理之中，教育与医疗服务又是与他们的城市生活密不可分的，所以其对这两项服务较为不满。若外来人口无法获得良好的教育与医疗服务，势必会影响其城市生活与适应。

表4-25　对北京管理工作的评价

单位：%

	社会治安	城乡结合部改造	子女教育及升学	医疗服务
很不满意	4.3（5.0）	3.0（3.8）	12.3（14.2）	13.0（14.2）
不太满意	8.6（6.5）	9.8（10.1）	21.9（20.1）	21.6（20.4）
一般	44.5（38.2）	59.2（53.7）	46.6（43.6）	44.5（39.9）
满意	34.7（39.7）	23.4（26.6）	15.3（17.3）	17.2（19.6）
非常满意	7.8（10.5）	4.6（5.8）	3.9（4.8）	3.6（5.9）
N	3287（3326）	3258（3296）	3206（3260）	3266（3306）
均值	3.33（3.44）	3.17（3.21）	2.77（2.78）	2.77（2.83）
χ^2	51.071	23.200	16.694	33.946
df	4	4	4	4
sig.	0.000	0.000	0.002	0.000

注：括号内为男性数据。

另外，应用卡方分析可得，男女农民工在这四项管理工作的评价上都有显著差异。在全部四项管理工作上，男性的正向评价（满意与非常满意）高于女性；与此同时，男性对这四项管理工作很不满意的比例也高于女性，可见，男性评价的差异性更大，而女性的评价更加集中，女性认为"一般"的比例远低于男性。

4.3.6 北京市民的态度

社会交往是一个涉及行动者双方的互动过程。前文数据表明，女性农民工愿意同北京人进行交往，愿意同其成为同事、邻居，但是如果北京人不愿意同外来者交往，那么这种互动就难以顺利进行。因此，现在来看北京市民对外来农民工持何种态度。本研究利用"你觉得北京市民对你的态度怎么样"来测度。回答选项分别设计为"非常排斥""有点排斥""一般""比较友好""非常友好"，并将其分别赋值 1~5 分，分值越高，表明农民工对北京市民的态度评价越好。

结果表明，10.2% 的女性认为北京市民的态度非常友好，36.4% 的人认为北京市民比较友好，对北京市民的态度评价为一般、有点排斥自己、非常排斥自己的比例分别为 44.9%、7.0% 和 1.5%，该回答的均值为 3.47。整体上看，女性农民工对于北京市民的认可度较高，认为北京市民对于外来者持有积极、友好的态度。而对于男性农民工而言（N = 3329），以上五种评价的对应比例分别为 10.2%、36.4%、44.6%、6.8% 和 2.1%，平均得分为 3.46。应用卡方分析可得，$\chi^2 = 2.976$，df = 4，sig. = 0.562，表明男性农民工和女性农民工对北京市民态度的评价没有显著差异，近五成左右的务工人员认为北京市民的态度是正向的，只有一成的人认为北京市民的态度是负向的。

4.4 城市适应的现实困难

农民工由乡村来到城市，在生活、文化习俗、社会关系网络等方面都由曾经的熟悉变成现在的陌生，他们需要完成新的角色转变并适应城市生活。从以上数据分析可知，无论在经济、社会文化还是心理等方面，进城农民工的城市适应性总体来说处于一个较低的水平。尽管在短时间内，农民工相对来说容易完成经济层面上的适应，然而社会层面、心理层面上的适应，是一个长期的复杂过程，不是短时间内可以完成的。正如费老所言，合作的人事也需要久长的相处才能周旋得转。一个人在陌生的人群中做事相当困难，尤其是在没有成文规则的亲密生活中为然（费孝通，1998：184）。

在异乡寻求生活的农民工，其在城市生活过程中必然会遇到各种各样的困难。当他们感到无力应付其所处情境中的困难时，当他们感到已经没有必要失望、绝望或怨恨时，就很可能采取得过且过的态度以面对所处情境，即过一种对更大的环境没有持续性和紧迫感的生活（转引自斯科特，2007：390）。因此如果农民工所遭遇的困难得不到妥善解决，那么势必影响他们的认知、情绪及行为反应等，从而影响城市化进程和北京的发展建设，不利于北京的社会稳定和经济发展。本文从就业困难、生活困难及人际交往困难等方面分析外来务工人员遇到的主要困难。

4.4.1　就业困难

劳动是人类区别于动物的本质特征，是人类维持自身生存的手段，也是劳动者肯定自身社会地位的过程。如果个体无法正常就业，就难以获得较为稳定的收入，其正常的生活就会出现困难。随着农民工进城规模的加大，再加上农民工自身主观原因及城乡二元户籍结构等客观原因，农民工在就业时往往遇到各种困难，频繁更换工作就是其中一种表现。不断更换工作不仅在一定程度上影响个体的职业生涯，而且导致个体无法维系正常的生活。本研究用更换工作次数以及更换工作的原因测度女性农民工就业时所遇到的困难。

对于"来京以来换过多少次工作"，女性农民工的回答是，28.7%的人没有换过工作，更换1~2次的占41.4%，3~4次的占

23.4%，5次以上的有6.6%，平均而言，女性农民工平均更换工作1.77次。对于男性来说，25.1%的受访者没换过工作，36.4%的人更换过1~2次工作，26.8%的人换过3~4次，11.7%的人换过5次以上工作，平均更换工作2.07次，从数据可知，无论是男性农民工还是女性农民工，有七成以上的人都有换过工作的经历。经卡方分析得到，$\chi^2 = 74.235$，$df = 4$，$sig. = 0.000$，女性农民工更换工作的次数显著少于男性。

再来看其他学者的相关研究。中华全国总工会针对新生代农民工的调查报告显示，这一群体自外出务工后更换工作的平均次数为1.44次，平均每年变换工作0.26次，是传统农民工的2.9倍（陈荞，2011）。还有学者研究表明（翟振武等，2007：36），北京市流动人口中35.4%的人有过两次以上的流动经历。可见，大多数农民工的工作较不稳定，经常更换工作。

那么究竟是哪些原因导致农民工如此频繁地更换工作呢？本调查中女性农民工更换工作的主要原因见表4-26。更换工作的主要原因中，位列前三项的分别是：找到更好的工作（27.3%）、收入太低（26.8%）、工作太累（13.5%）。对于男性来说，他们更换工作的前三项原因分别是：收入太低（30.5%）、找到更好工作（21.6%）、工作条件太差（13.7%）。可以看出，男性农民工和女性农民工对于工作的关注点不同，其更换工作的原因也存在一定差异。近三成的女性由于找到更好的工作而易职，三成男性由于收入原因而换岗，可以说，女性遇到条件更好的工作就会跳槽，以谋求自身更大的发展空间，而男性则更加重视经济方面的原因。从数据中我们还可以看出，工作强度是女性工作时考虑的一个重要因素，太累的工作会使女性逃离，占到更换工作原因的第三位。而对于男性来说，这一原因位列第四。以上原因都是农民工因主观因素而决定更换工作的，从数据中还可以发现，无论男女，由于客观因素——雇主解雇而被迫更换工作的比例是极其低的。也就是说，在京农民工只要不挑不拣，找到一份长期、比较稳定的工作还是比较容易的。

表 4 – 26　更换工作的原因

单位：%

性别	收入太低	工作太累	被解雇	工作条件太差	与雇主关系不融洽	与自己兴趣不符	找到更好工作	其他
女	26.8	13.5	0.6	10.7	2.9	12.3	27.3	6.0
男	30.5	13.1	1.0	13.7	3.9	12.9	21.6	3.3

　　再来看其他学者的研究结果。有学者基于河南四城市的调查研究也有类似的研究发现，69.0%的青年女性农民工更换过工作岗位，只有31%的青年女性农民工表示没有换过工作岗位。其中换过2次工作的占27.6%，换过3次工作的占37.9%，更换过4次以上的占34.5%。关于跳槽原因，该学者的研究表明，65.1%的青年女性农民工换工作是为了"获得更高的工资"，"获得更好的发展机会"而换工作的占25.3%（孙朝阳，2009）。可见，在京女性农民工的跳槽原因不仅与在京男性农民工有差异，而且与其他地区的女性农民工也有差异。与其他地区女性农民工受金钱支配而换工作相比起来，在京女性农民工更加看重的是工作发展前景。

　　事实上，无论是对于男性农民工还是对于女性农民工而言，频繁地更换工作、通过跳槽争取利益最大化只不过是他们追求美好生活的一种努力与实践过程，是农民工争取改善自身生活境遇的一种尝试。不管怎样，频繁更换工作一方面说明女性农民工的择业主动性很强，在此过程中，她们可以结识更多的工作同事，接触到多方面的知识与新的环境。但是这在一定程度上也说明，求职者认为其现有的职业发展空间有限，目前的舞台不足够大，无法满足自我发展的愿望，是农民工对现有职位不满的一种体现。总之，如果工作更换得过于频繁，工作的连续性与一致性就会降低，不利于个体的晋升与职业的长远发展。

外来农民工在就业的过程中，还会遇到老板不与其签订劳动合同、拖欠工资、无法享受法定节假日等问题。本调查研究表明，有 23.5%（N = 3270）的女性农民工没有同其老板/雇主签订劳动合同，男性农民工中，这一比例更高，有 24.9%（N = 3322）的人没有签订劳动合同。另外，分别有 57.2% 和 59.4% 的男性和女性农民工签订 1~3 年的用工合同，1.9% 和 2.5% 的男性和女性农民工签了 3 年以上合同。卡方分析其相关性，$\chi^2 = 7.577$，df = 4，sig. = 0.108，可见，性别因素在是否签订用工合同方面没有显著差异。

其他学者的研究表明，北京市流动劳动力与雇主签订劳动合同的比例仅占 32.8%，有 67.2% 的流动劳动力未与雇主签订劳动合同（翟振武等，2007：37）。就在京女性农民工而言，64.5% 的人签订书面劳动合同（刘鸿谕，2013：11）。比较本研究和其他学者的研究发现，可以这样认为，在京新生代农民工签订劳动合同的比例还是比较高的（3/4 以上），但是仍然有相当比例的人无法获得保障其劳动权利的这一纸合同。

《劳动法》第十六条规定："劳动合同是劳动者与用人单位确立劳动关系、明确权利和义务的协议。建立劳动关系应当订立劳动合同。"《劳动法》的这一规定，从法律的角度为劳动者与用人单位确立劳动关系提供保障。但是无论是其他学者还是本次调查数据均表明，有相当比例的女性农民工没有签订劳动用工合同，致使她们的合法权益受到侵害。在我国目前劳动市场很不规范、劳动力供大于求的情况下，没有签订劳动合同通常意味着雇主可以随意解雇工人、随意安排、拖延劳动时间，而劳动者却缺乏保护自己合法权益的有效手段。

关于拖欠工资情况，本次调查中有 13.6%（N = 3100）的女性农民工在最近的一年时间内发生过偶尔或经常拖欠工资的情况。对于男性而言（N = 3103），以上比例为 17.4%，可见，男性更多地遇到工资拖欠情况。其他学者的调查研究表明（吕红平，2004），拖欠工资的情况比较普遍：有 40.6% 的女性农民工的工资被拖欠过；在被拖欠工资的农民工中，经常拖欠的占 45.8%，偶尔拖欠的占 43.1%，不能如数发放工资的占 11.1%。经卡方分析其相关性可得，$\chi^2 = 37.989$，df = 4，sig. = 0.000，表明性别因素在是否拖欠工资方面有显著差异，男性工资更有可能被拖欠。

《劳动法》第五十条规定工资应当"按月支付"，"不得克扣或者无故拖欠劳动者的工资"。每一个劳动者拥有在法律规定时间内领取劳动报酬的权利。然而，拖欠工资仍时有发生，究其原因，尽管其中可能存在由于诸如资金周转出现暂时困难、企业破产、雇主确实无钱可付等客观原因，更多的原因则是雇主或老板故意拖欠、少发或停发工资，甚至用农民工的血汗钱充当流转资金，无偿占有劳动者的劳动果实。近年来，由于拖欠工资而引发的农民工上访、闹事甚至谋害雇主的不和谐现象时有发生，这一现象应该引起有关部门的重视。

针对劳动节、国庆节等法定节假日能否休假，本次调查的数据表明（N = 3099），只有 34.2% 的女性农民工能够完全享受到休假或调休，18.6% 的受访者能够享受大部分休假，18.8% 的受访者有时候能够享受休假，28.4% 的人很少或都不能享受休假。对于男性来说（N = 3105），以上比例分别为 27.7%、19.9%、21.4% 以及 30.9%。经卡方分析其相关性可得，$\chi^2 = 37.742$，df = 4，sig. = 0.000，表明性别因素在是否能够休假上有显著差异，女性更有可能享受假期。

我国《劳动法》第四十条规定，在元旦、春节、国际劳动节、国庆节以及法律、法规规定的其他休假节日等用人单位应当安排劳动者休假。事实是，部分私营企业、个体企业一般都不能按规定安排职工的休息和休假。部分私营企业或者外资企业为了获得更大效益，经常让其员工利用下班时间或节假日无偿加班。还有的私营企业采取计件工资制度，这就会模糊正常工作时间与休息、休假的界限。可以这样认为，作为一个劳动者，享受国家规定的休息日和节假日是包括女性劳动者在内的一切劳动者的权益，不按规定安排农民工休息或要求其加班却不发加班工资是对劳动者合法权益的侵犯。

综合以上数据可以看出，无论是在签订劳动合同、发放工资方面，还是在享受假期方面，都有相当一部分女性农民工处在不利位置上，致使她们的合法权益受到侵害。当然由于农民工法律意识淡薄，对于自己的合法权益不甚了解，不懂得保护自己合法权益的途径，害怕丢掉"饭碗""忍字当头"等也是导致农民工合法权益受到侵害的重要原因。女性农民工在就业过程中遇到的困难都会影响其对城市的适应。

4.4.2 生活困难

针对"你在北京生活的主要困难"这一题项，本次调查中女性农民工认为位列前五位的分别是（N = 3273）：住房困难（31.3%）、就医困难（18.2%）、工作不稳定（16.1%）、子女上学困难（10.5%）、在北京感到孤独（8.1%）。而对于男性农民工来说，排名前五位的分别是（N = 3273），住房困难（28.9%）、就医困难（16.4%）、工作不稳定（14.5%）、在北京感到孤独（12.4%）、子女上学困难（9.9%）。可见，无论是男性农民工还是女性农民工都把住房、就医、工作稳定列为在京生活的最主要困难，另外同男性相比，更多的女性认为子女入学是比感情孤独更大的困难；而男性则正好相反，认为感情孤独比子女上学是更大的困难。可见，性别差异使得在京农民工对于生活困难的感知存在某些差异。

那么当农民工遇到困难时，她（他）们向谁求助，又是如何解决困难的呢？本调查结果表明，26.6%的女性向配偶寻求帮助，21.9%的受访者向老乡寻求帮助，13.5%的受访者向同事寻求帮助。相比较而言，对于男性农民工来说，29.7%的受访者向老乡寻求帮助，18.7%的受访者向同事寻求帮助，9.5%的受访者向其配偶寻求帮助。经卡方分析得到，$\chi^2 = 353.849$，df = 5，sig. = 0.000，可见，男女务工者遇到困难时寻求帮助的对象有显著差异。

社会网络包括亲属、朋友、同事，该网络对于迁移者的生存而言是一个关键性策略。社会网络研究表明，城市生活具有浓厚的性别化特征[①]：女性的社会网根植于家庭和亲密朋友，而男性则更多的是熟人网络。从本研究的分析上看，事实的确如此。女性遇到困难时，求助对象最先是从强关系开始，其社会网络遵循"差序格局"展开，从与其关系最为紧密的配偶到关系较为紧密的老乡再到关系不那么紧密的单位同事。这表明女性高度依赖自己的家庭网络，最先重视夫妻之情，亲属关系则被置于仅次于配偶的位置上。而男性由于具有更为扩展的社交网络，当其遇到困难时首先求助于老乡、同事然后才是配偶，即男性农民工更多地看重非亲情的老乡和同事朋友。可见，男性的交往范围及社会网络不同于女性。可以这样认为，"在家靠父母，在外靠朋友"更加适用于男性农民工，而"差序格局"更加适用于女性农民工。

实际上，网络对于移民的心理适应来说是关键的，他们会因此而感受到支持感、归属感，与其他移民共享文化内涵。网络不仅可以使其应对日常生活中的困境，还可以在更主观性的需要方面为其提供支持。当面临城市里的新挑战时，他们可以从非正式网络中找到支持与慰藉，例如对家人的思念。成为网络中的一员，无论是对于新移民还是老移民来说都是有意义的，社会网络有利于促成彼此双方形成相同的社会认同的经历。

总之，整体上看，无论是男性农民工还是女性农民工，当其遇到困难时，求助对象大多是其移民网络中的成员，即农民工进入城市之后，其社会关系网络仍然以血缘、地缘关系为主。尽管生活上发生一些改变，但是绝大多数人还是依照血缘－地缘－业缘的脉络勾画自己的生活轨迹。而以业缘关系为纽带的生活圈子

---

① Damaris Rose, Social Networks and the Social Integration of Immigrant Women: The Role of Neighborhood in the Contemporary Metropolis, http://www.docin.com/p－470834944.html.

尚未真正建立起来，大多数人没有真正融入城市生活。

从该数据中同时还可以看出，无论是男性农民工还是女性农民工，在遇到困难时很少向城市人寻求帮助。一方面，这或许与其工作性质有关，如果其工作伙伴大多数都是同乡或从其他地区来的外来者，那么遇到城市人进而与城市人交往的机会可能不会太大；另一方面，或许还与其居住区域有关，若其居住区域中少有本地城市人，那么其向城市人寻求帮助的可能性自然不高。不管怎样，这些数据都表明，外来务工者与城市人存在某种隔绝和封闭，这势必对其顺利适应城市造成一定的影响。

再来看其他学者的相关调查。有学者利用上海市妇联 2011 年 7 月组织的"来沪常住女性社会融入与社会保护状况调查"的数据进行分析发现（蒋俊，2012：34），74.4% 的来沪常住女性表示遇到困难时最先想到向亲戚、老乡求助，17.7% 的受访者表示会找工友和同事求助。这些调查结果同样显示来沪常住女性的社会交往呈现一定的内卷化特征，社交圈限定在亲戚、老乡或工友和同事的范围内。

无论是本数据还是其他学者的调查数据均表明，农民工的社会交往对象更多地指向亲属，他们与城市居民交往时更多地只限于业缘关系，生活中联系很少，缺乏情感交流。对处于弱势地位的女性群体而言，当其遇到困难时，非正式社会支持关系如血缘关系、亲缘关系、地缘关系发挥非常重要的作用（转引自孟庆洁，2007：139）。其中，血缘与亲缘关系或许起到的影响作用更大。

美国社会学家沃思（1987）认为："城市与乡村在当代文明中代表着对立的两极。城与乡各有其特有的利益、兴趣、特有的社会组织和特有的人性。它们形成一个相互对立、又互为补充的世界。"城市里，人们之间的相互依赖关系通过社会服务体系得以深化，个人的生存主要依赖城市中制度化创建的某种生活秩序和个人创造的"网络"。在城市里，遇到困难寻求帮助时往往要涉及更多的"时间成本"和"人情成本"。通过前文的分析可知，女性农民工的同事及其日常交往对象的同质性很强，与城市人的有限交往导致其向城市人求助不如向同乡、同事那样便捷。因此，尽管亲缘、地缘、业缘关系是社会结构的基本特征，尽管女性农民工已经身处城市，脱离农村，但是其行为方式和价值观念仍具有传统乡土社会的烙印，与完全适应城市生活还有相当的距离。

4.4.3　人际交往困难

城市社会的人际交往与农村社会的人际交往有着明显的差别。在鸡犬之声相闻的农村社会里，人与人的关系以血缘、亲属等纽带作为基础，内部成员互相认识、彼此熟悉，人际互动频繁、长久而强烈，其关系由共同的价值观和传统习俗等维系。而在"老死不相往来"的城市社会里，人与人的关系是正式的、契约性的、非人格化的和专门化的。那么当面对这样的一个社会时，外来农民工又会遇到哪些困难呢？他们又何去何从？

本研究用"你与北京市民交往中的主要困难是什么"这一题项测度女性农民工在与本地人交往过程中的困难。回答比例最高的前四项分别是：思想观念不同（19.7%）、缺少与北京市民进行交流的机会（18.8%）、生活习惯不同（17.0%）、北京市民看不起外地人（13.3%）。对于男性农民工而言，回答比例最高的前四项分别是：思想观念不同（19.6%）、缺少与北京市民进行交流的机会（18.2%）、生活习惯不同（17.5%）、地位差异大（14.8%）。可见，男性农民工与女性农民工在前三项回答上没有较大差异，但是在第四项上，女性更加看重的是心理视角，认为自己受到城里人的歧视，而男性受访者更加注重彼此地位的悬殊性。

中国的城市与农村代表两种不同的文化与生活方式，差异之大远超出大多数发展中国家，并且城乡差异之悬殊或许在世界范围内也是少有的。农民工曾经在相当长的一段时间内接触、浸染农村文化，加上语言差异、交往技巧的缺乏使其在态度、心理、行为模式上与城市人迥异。因此，本调查中无论是男性还是女性，有近六成比例的人将其与城市人交往困难归为思想观念、沟通方式与生活习惯方面。正如有学者曾经对农民工的社会交往特点所进行的总结：内倾性与表层性。内倾性是指其交往对象多为同乡或从其他地区来的农村人，表层性是指与城市居民的交往多只涉及利益关系，缺少感情交流（朱力，2002）。郭星华（2009）也发现，新生代农民工与城市居民的文化距离、交往距离在不断扩大，更多的农民工选择在圈内与其他农民工交往，闭塞的交往空间导致其进行"自愿性隔离"的单一化交流，生活区域呈现出"孤岛化"特征。笔者的调查结果也清晰地反映出农民工在与市民交往过程中存在的这种局限。

事实上，社会交往是基于生存适应之上的一种高层次需求，是适应城市生活的重要方面。女性农民工在人际交往方面之所以存在这些困难，既有宏观原因，也有微观原因；既有城市方面的问题，也有农民工自身方面的因素。由于我国长期存在二元社会体制，大都市的市民通常享有一种特权思想，经常戴着有色眼镜看待农民工，这使得外来人口对本地居民较为疏远，缺乏相互信任感，城市市民对农民工存在一定的心理拒斥和认识偏见，这一点在行为和态度上表现得更加明显。另外，社会经济地位的不平等也阻碍农民工与城市居民的交往和互动。正如彼特·布劳（Peter Blau）在《不平等和异质》一书中所指出的：有着相近的社会位置的人们之间的社会交往要比位置相差大的人们之间的交往普遍些（布劳，1991：395）。

本章小结

外来农民工来到城市生活，无论是在经济层面、社会生活方式还是在社会心理等方面都需要不断地调整，以适应其工作生活的城市，提高适应城市生活的能力。本章从经济、社会、心理等方面分析在京女性农民工、男性农民工的城市适应性以及不同性别农民工群体之间适应状况的差异和分化。

经济层面上，更多的女性集中于第三产业，收入低于男性，不足北京城镇居民收入的一半，结余低于男性，但是女性对于收入的满意度要高于男性。大多数男性和女性农民工居住条件较差，工作满意度较低。整体上看，尽管男性和女性的经济适应性处于较低水平，但是女性的经济适应性略好于男性。

社会层面上，包括女性在内的农民工，休闲方式单一，消费型闲暇活动少，也较少涉及学习型闲暇活动。在社区活动、各类社团组织或群体的参与程度上，女性的参与度要低于男性；但是对于志愿类活动，女性的参与度要高于男性。在人际交往方面，女性农民工的北京人朋友数量多于男性，同事及邻居中本地人所占比例也高于男性，这表明，女性农民工的社会适应能力要高于男性。

心理层面上，女性同男性一样，绝大多数都不认同自己的城市身份，缺乏城市归属感。女性遇到过的不公正待遇比男性要少，但无论是男性农民工还是女性农民工，当遇到不公正待遇时，大多数人都选择以忍为策。男性和女性的社会经济地位自我评价不高，男性的自我评价差异性更大，认为自己属于上层和底层的比例比女性高，而女性则更多地集中在中下层。尽管女性的心理适应性不强，但总体上好于男性。

总之，男性农民工和女性农民工的经济适应、社会适应、心理适应都不高，处于一种"经济尚未完全接纳，社会排斥依旧"的状态。但整体上比较而言，女性农民工在以上几方面的城市适应要略好于男性。

第五章　城市居留意愿影响
因素分析

男性农民工与女性农民工对于城市生活的适应状况，如前一章所分析的那样，呈现出诸多样态。不同的适应状况决定了他们对于未来发展路径的不同选择，定居城市是其适应城市生活的具体表现。他们中有多少人已经适应城市生活，愿意留在大都市，继续追逐自己的中国梦？他们中又有多少人不能适应城市生活，决定离开城市，重返家乡？又有哪些因素会影响他们的留城及离城意愿呢？本章分析女性农民工的城市居留意愿及其影响因素。

5.1　变量说明与模型构建

5.1.1　因变量及测量

本研究的因变量是农民工的城市居留意愿。问卷通过"你今后有何打算"测量北京新生代农民工的定居意愿，回答有以下 8 种：①没有想过；②留在北京；③到其他城市；④回家乡务农；⑤回家乡经商；⑥回家乡从工；⑦看情况再定；⑧其他。本章将以上 8 种回答归为三类：第一类是没有想过或看情况再定，包括问卷中的第 1 项和第 7 项，将"其他"也归为此类；第二类是有留在北京的意愿，包括问卷中的第 2 项，第三类是今后要离开北京，包括问卷中的第 3 项至第 6 项。

5.1.2　自变量及测量

结合已有的研究并考虑到本调查所获得的数据，模型的解释变量包括四类，如表 5－1 所示。第一类是个体特征，包括年龄、受教育程度、家乡所在地、婚姻状况。第二类是城市生活中的经济层面，包括月工资、更换工作次数、是否签订劳动合同。第三类是城市生活中的社会层面，包括在京居住时间、朋友中北京人数量、社区活动参与。第四类是社会生活中的心理层面，包括自评社会经济地位、是否遭遇不公正待遇以及北京市民的态度等。

表 5－1　女性农民工样本的自变量描述

变量	变量说明	频率	有效百分比（%）	变量	变量说明	频率	有效百分比（%）
年龄	31~33 岁	495	15.2	受教育程度	本科及以上	422	12.8
	26~30 岁	1320	40.5		大专	689	20.9
	21~25 岁	1190	36.5		高中（含职高、中专、技校）	1179	35.8
	17~20 岁	254	7.8		初中及以下	1005	30.5
	N	3259	100.0		N	3295	100.0
家乡所在地	东部	1581	48.1	婚姻状况	已婚	1277	38.6
	中部	1202	36.6		未婚有友	1054	31.9
	西部	502	15.3		未婚无友	975	29.5
	N	3285	100.0		N	3306	100.0
月工资	8000 元以上	84	2.5	是否签订劳动合同	自我经营	184	5.6
	6000~7999	30	0.9		其他	82	2.5
	4000~5999	231	7.0		1~3 年	1941	59.4
	2000~3999	2191	66.3		3 年以上	295	9.0
	100~1999	770	23.3		没有签	768	23.5
	N	3306	100.0		N	3270	100.0

续表

变量	变量说明	频率	有效百分比（%）	变量	变量说明	频率	有效百分比（%）
朋友中北京人数量	5 个及以上	767	23.5	更换工作次数	没有换过	928	28.7
	3～4 个	469	14.4		1～2 次	1339	41.4
	1～2 个	1220	37.4		3～4 次	756	23.4
	没有	803	24.6		5 次以上	214	6.6
	N	3259	100.0		N	3237	100.0
社区活动参与	总是	61	1.9	是否遭遇不公正待遇	很少遇到	1193	36.4
	有时	457	14.1		有时遇到	1050	32.1
	偶尔	771	23.6		经常遇到	177	5.4
	不知情	1117	34.1		从来没有遇到	853	26.1
	从不	867	26.5				
	N	3273	100.0		N	3273	100.0
自评社会经济地位	上层	41	1.3	北京市民的态度	友好	1534	46.6
	中层	451	13.8		一般	1479	44.9
	下层	2773	84.9		排斥	282	8.6
	N	3265	100.0		N	3295	100.0

5.1.3 模型构建

基于以上四类解释变量，本章应用多项逻辑斯蒂回归（multi-nomial logistic regression）方法，分析北京新生代农民工的居留意愿及其影响因素。该分析方法的要求是，当因变量分为 j 类时，要以其中一类作为参照组，将其他类别结果与该类参照组对比而得 $j-1$ 个方程。本章中，新生代农民工对于今后的打算分为三类，本章将没有想过或看情况再定选作参照组，构建的回归模型如下所示。

$$Ln(odds_j) = \alpha_j + \sum \beta_{ij} \times x_{ij} + \varepsilon_{ij}$$

式中，$j = 2$，3，$\cdots$，i 表示样本编号，β_i 表示影响因素的回归系数，X_{ij} 是自变量，表示第 i 个样本农民工的第 j 种影响因素，a 表示回归截距。因此该式实际上表示两个回归方程。因变量为发生比的对数，发生比 $\left(odd_j = \dfrac{p\ (y = j)}{p\ (y = 1)},\ j = 2，3 \right)$ 分别表示新生代农民工留京与没有想过或看情况再定的概率比值、离京与没有想过或看情况再定的概率比值。将该式左右两边同时取指数时，自变量回归系数 β_i 转换为 e^{β_i}，e^{β_i} 表示的是自变量改变一个单位时所引起的发生比的改变。

5.2　居留意愿

流动人口的迁移并非单向过程，他们在流动变幻的人生旅程中在定居、返乡、继续保持流动之间不断进行选择和转变。出于对城市生活的渴望，农村外来人口来到城市，在经历城市生活之后，是留在城市继续拼搏，还是返回农村老家？这些是萦绕在农民工心中的两难抉择，他们总会在这二者之间举棋不定。其最终是否在城市定居也是由诸多客观现实情况决定的。

本调查数据结果见表 5 - 2，六成的女性农民工对未来没有打算和计划，26.5% 的女性选择留京，还有 13.2% 的女性在经历城市的繁华与喧嚣之后，决定放弃大城市的生活，这也正是她们不太适应城市生活的一种表现。她们决定离开无法适应的城市，返回熟悉的家乡，要么务农要么经商要么从工，或者到其他城市或县镇工作。此结果表明，只有一小部分女性在经济、社会文化等方面逐渐适应大都市生活，愿意继续留在城市，从而产生定居城市的想法，还有一部分农民工无法适应城市生活，返回农村。除此之外，还有相当高比例的女性农民工对于自己的未来持观望态度。

表 5 - 2 女性居留意愿

单位：%，人

没想过	留京	离京	N
60.3	26.5	13.2	3286

国内其他学者也进行过类似的调查研究。南京大学社会学系的调查发现（N = 388）（受访者包括男性农民工和女性农民工），想留下的占 44%，说不上的占 25%，不想留在城里的占 31%（朱力，2002）。还有学者调查发现，大约 50% 的农村流动人口想定居在目前的居住地，而只有不到 10% 的人愿意返回农村家乡（李路路，2003）。有学者针对河南省安阳、濮阳、南阳和许昌 4 城市 8 村庄的女性农民工进行问卷调查（N = 856），结果发现，61.9% 的青年女性希望在城市定居，2.4% 的人说不清楚，35.7% 的青年女性明确表示要回到农村生活（孙朝阳，2009）。根据黄乾（2008）的调查，定居城市意愿明确的农民工比例只有 42%，不愿在城市定居的占 20% 左右，超过 1/3 的受访者回答 "说不准"。吴兴陆（2005）2003 年对浙江省农民工流动愿意的调查表明，36.8% 的人有较强的定居城市意愿。基于 7 省区的调查结果表明，41.7% 的农民工明确表示想定居于城市，20% 多一点的人不想在城市定居，超过 1/3 的人回答 "说不准"（叶鹏飞，2011）。西安交通大学人口与发展研究所 2009 年在福建省 X 市对农民工群体的调查表明（N = 1335），39.1% 的人有留城意愿（刘茜等，2013：111）。还有调查表明，武汉农民工中愿意定居城市的达到 50% 以上（董延芳等，2011），沈阳市农民工中愿意定居城市的为 44.83%（戚迪明、张广胜，2012），辽宁省五市新生代农民工中愿意定居城市的为 57.06%（黄庆玲，2013）。

以上是进城农民工留城意愿较高的研究结果。再来看留城意愿较低的研究结果。马九杰、孟凡友（2003）调查深圳市农民工，发现有 28.1% 的务工者具有定居城市的意愿。朱宇 2002 年对福州、泉州、厦门、漳州和晋江五地的研究显示，打算"在此永远待下去"的比例为 20.9%（朱宇，2004），在浙江和江苏两省的调查表明，农民工的留城意愿比例仅为 16.32%（李珍珍、陈琳，2010），上海农民工的留城意愿为 20%（陆康强，2010），广州农民工的留城意愿为 21.7%（涂敏霞，2012），宁波农民工的留城意愿大约为 20%（杨聪敏，2012）。

另外针对第二代农民工所做的研究表明，青年农民工群体暂时没有回到农村的打算，对于未来归宿仍然没有清晰、一致的想法和选择（李强等，2009：295）。针对河南省 4 城市新生代农民工的调查表明，33.02% 的新生代农民工选择在城市定居，12.39% 的新生代农民工选择回家乡（郭科、苏晓君，2014）。在京女性农民工中，有 25% 的人"很想留下来"，"没有想过的"占 40%，其他的占 35%（刘鸿谕，2013：15）。

对以上不同地区农民工的定居意愿加以总结，可以发现，农民工的城市定居意愿比例超过 50% 的很少，大多数调查对象的留城意愿只有 30% 左右，有的调查甚至更低。具体来说，浙江、江苏，上海、广州、深圳等东部沿海城市或发达省份农民工的留城定居的意愿最弱，湖北、辽宁、河南等中西部及东北等欠发达地区农民工的留城意愿最高。另外，还有相当一部分农民工对于未来是否留在城市持模糊的观望态度。

从以上分析可见，尽管农村劳动力已经来到城市，但是城市未必是其最终的目的地，其中绝大多数仍将返回原输出地（白南生、宋宏远，2002），她（他）们仍然处于一种漂泊的流动状态，并未成为输入地稳定的移民。"既然选择了远方，就要风雨兼程。"可是，对于已经走出农村、来到城市的农民工们来说，他们的留城意愿为何又是如此之弱呢？

农村与城市的巨大差距使相当多的外来者无法适应。滕尼斯笔下的二元论认为，农村的特点是礼俗社会或团体，而城市的特点是法理社会或者协会。农村地区是强烈的社会联系模式、聚族而居的大家庭生活模式，血缘与亲情导致在一定时间和空间之内的人际关系是长期的、稳定和谐的。而城市地区的人际关系是多样化的和短暂性的，几乎没有强关系，长期而稳定的和谐关系不再存在。对于已经习惯在熟人社会中生活的他们来说，城市生活意味着充满风险、不确定性与未知数，因此其中的一部分人会在适当的时候选择返回老家，重新过安逸的生活。

另一方面，根据西方有关人口迁移的研究，迁移和定居通常被认为是同一种行为。然而，该理论却不适合中国。中国的农村劳动力迁移过程具有明显的不稳定性，从农村流动到城市和在城市长期定居下来这两个过程无法同步完成（蔡昉，2001）。正如蔡昉（2001）所指出的：中国农村劳动力的异地迁移分为两个过程，从农村转移出去——在城市寻找生存、发展的机会；在"乐业"之后寻求"安居"，在城市长期居住。"永久迁移不是所有农民工的选择"，迁移只是意味着离开农村与贫穷，意味着流动的开始。无论农民工最初迁移时的意愿和动机有多么强烈，当他们迁移到城市、面对城市、开始打工生活时，才真正感受到城市是什么，城市生活是什么样，才会发现"骨感"的现实与"丰满"的理想之间存在的真实差异。农民工只有在经历大城市的生活之后，才能够将其与梦想之图景进行比较，不断反思自己的行为并做出相应的改变。实际上，这种选择恰好折射出农民工内心矛盾的市民梦想。他们渴望城市生活，但与此同时，却又受制于各种诸如城市未来发展和政策走向等条件的限制，无法把握的未来以及并不十分满意的城市生存和发展现状，再加上在城市中作为"二等公民"长期受到的所有这些不愉快的经历都在一定程度上影响他们对城市的主观感受和对城市的归属感（Zhang et al.，2009），这些自然也会影响到他们是否会定居城市。

另外，农民工来到城市，只有当其能够在城市里安身立命、并适应城市生活时，在逐渐实现心中的曾经梦想时才会决定留下来。而这是将原来的迁出地与现在的迁入地之间的差距逐渐缩小的过程。这种差距也被称为文化距离，文化距离被证明对移民的调节和适应产生显著影响，影响迁移者体验到的压力与适应（Babiker et al.，1980）。越是经济发达地区，其与迁移者家乡在文化、经济、社会等方面的差异越大，其适应过程就越困难，外来者需要自我调整的时间就越长，甚至会出现无法适应现代化生活的局面。如果是这样，迁移者就会对定居城市、成为市民不抱奢望，进而滋生出逃离城市的想法。

最后，通过前文的分析可知，集中大量农民工的行业是服务业，而该行业更易于受用工年轻化的影响，农民工可能面临中年失业的风险（章铮，2006），返乡或许是其对现实生活的一种自我保护性反应，是被迫做出的无奈之举。

另外，北京市的产业结构调整也对农民工的城市居留意愿产生影响。近几年，北京市立足于以现代基础服务业为支撑的经济增长方式，形成以新兴产业为先导、现代服务业为主体、高技术产业和先进制造业为支撑的现代化高端产业布局结构。在该产业结构调整之下，一方面，以服务经济为主导的产业结构为第三产业提供广阔的发展空间。这一战略性的产业结构调整为来外务工人员，尤其是女性务工人员提供了大量的就业契机，相较于男性农民工，女性农民工的就业机会更多。另一方面，高技术产业和先进的制造业又将低学历的外来务工人员拒之城市之外。在这一政策引导之下，从整体上来看，外来农民工要想很好地适应北京的工作与生活，变得越来越困难。

根据以上分析以及前文描述的女性农民工在生活及工作中遇到的诸多问题，对于她们定居意愿之低就不难理解了。尽管如此，还是有一部分人决定勇敢地留在北京，那么这些习惯于农村生活的女性农民工又是如何立足于大城市并且适应城市生活的呢？

此时此刻的女性农民工，大部分人借助于同乡、亲属关系重新建立起属于自己的社区网络。正如北京人口分布数据所表明的，北京市人口分布呈现由二、三环内向四环外聚集的特点，外来常住人口向外拓展聚集的特点更加突出，其中有 65% 的外来常住人口住在四环至六环间。①　实际上，这些外来人口往往是结伴来到城市打工，"造就中国都市里一支支以亲属和乡村为单位的劳动大军"（翟学伟，2003），形成诸如北京的"新疆村"、"浙江村"、"安徽村"以及南京的"河南村"等。这些城中村的居住者多是同乡，亲缘与地缘关系构成该群体的人际交往基本特征，社会经济地位相近，口音相同，形成适宜外来者自身生存的环境，以及不同于城市主流文化的亚文化。在这样的区域内，这些外来人口日益壮大，为自己创造出一个新的话语空间和行动空间，形成具有一定组织性和纪律性的社区。在这里，她们"进可攻"，可以学习城市里的各种新鲜事物，"退可守"，以亲友圈和地缘圈为其主要生活领域，二者彼此重叠，降低人们在流动过程中的"心理成本"。在这里，外来者可以选择保有原来的生活方式，可以拒绝外界的偏见与歧视，找到一种不易被觉察的内心归属。

这样的聚居区，实际上，用库利的话来说对于初级群体而言，起到的主要作用是感情沟通，尽管他们的根从农村伸出，现在开始嵌入城市生活中，但是根基尚浅，或许一场暴风雨就会将之摧折。然而，正是在其自己建立的社区内，他们越来越紧密地缠绕在一起，抵挡暴风雨。当地人在这样的空间内反而成为少数人（35%），会有身处异乡之感。

通过前文的分析可知，还有相当比例的农民工对于未来持模糊不定的态度。根在农村，可是家乡还回得去吗？时已过，境已迁，曾经的乡下人现在已经变得"面目全非"，此时返回家乡会不会产生一种"笑问客从何处来"的疏离感？另外，在城市里获得的、适应城市生活的生存技能能否使其在农村找到相应的工作也是未知数。因此，进退两难、对未来没有明确态度、走一步看一步的人也占到相当高的比例。

①　《京华时报》2015 年 5 月 21 日。

我们已经知道女性农民工的留城意愿，那么不同群体女性农民工的留城意愿是否会有差异呢？表 5-3 给出女性农民工个人特征与定居意愿的列联表，从中可以看出，因年龄、受教育程度、婚姻状况、家乡所在地不同，女性农民工的居留意愿也不同，而且差异显著。

表 5-3　女性农民工个人特征与定居意愿的统计分析

个人特征		居留意愿（%）			卡方值	p 值
		没想过	留京	离京		
年龄 （N=3239）	31~33 岁	57.7	32.2	10.1	49.187	0.000
	26~30 岁	57.2	30.7	12.1		
	21~25 岁	63.6	21.2	15.2		
	17~20 岁	66.4	18.4	15.2		
受教育程度 （N=3275）	本科及以上	48.3	43.8	7.8	137.741	0.000
	大专	55.9	33.0	11.1		
	高中（含职高、中专、技校）	60.2	24.6	15.1		
	初中及以下	68.6	16.6	14.8		
婚姻状况 （N=3286）	未婚无友	64.6	22.3	13.1	14.711	0.005
	未婚有友	59.4	27.2	13.5		
	已婚	57.7	29.1	13.1		
家乡所在地 （N=3265）	东部	58.8	29.4	11.8	45.097	0.000
	中部	63.5	24.7	11.7		
	西部	56.4	22.0	21.6		

年龄越大的女性农民工越倾向于留在北京，年龄越小的越倾向于离开北京。一般来说，年龄越大，其在外打工时间应该越长，可能已经渐渐适应城市生活，所以愿意并且能够在城市长期居住生活；而年龄越小，其在外打工时间相对较短，对城市与农村生活的差异尚未充分了解，适应城市生活的能力不够，所以重返家乡的念头可能较为强烈。

受教育程度越高的女性农民工越倾向于留在北京，而受教育程度越低的女性农民工越倾向于离开北京。未婚有友比未婚无友的女性农民工留京意愿更强，已婚的比未婚有友的留京意愿更强。从地理位置上看，距离北京近的东部地区的女性农民工留京意愿强烈，而来自西部地区的农民工留京意愿较弱。

现在再来看哪些因素影响农民工的城市定居意愿。研究先分别纳入不同层面的自变量，构建不同层面模型，然后再将全部有显著影响作用的自变量纳入模型，构建综合模型。

5.3　个人特征

个人特征方面的自变量包括年龄、受教育程度、家乡所在地以及婚姻状况，利用多项逻辑斯蒂回归（multinomial logistic regression）分析其城市定居意愿，构建个人特征模型。女性个人特征对城市定居意愿的影响结果见表 5-4。

表 5-4　个人特征模型

解释变量 - 个人特征 (N = 3208)	留京		离京	
	发生比 Exp（β）	sig.	发生比 Exp（β）	sig.
年龄（以 17~20 岁作为参照组）				
21~25 岁	0.835	0.343	1.022	0.914
26~30 岁	1.138	0.510	0.875	0.550
31~33 岁	1.228	0.350	0.690	0.166
受教育程度（以初中及以下作为参照组）				
高中（含职高、中专、技校）	1.775	0.000	1.231	0.104
大专	2.476	0.000	0.961	0.808
本科及以上	3.735	0.000	0.835	0.402
家乡所在地（以西部作为参照组）				
中部	1.044	0.755	0.492	0.000

续表

解释变量 - 个人特征 （N = 3208）	留京		离京	
	发生比 Exp（β）	sig.	发生比 Exp（β）	sig.
东部	1.238	0.106	0.534	0.000
婚姻状况（以未婚，无男/女朋友作为参照组）				
未婚，有男/女朋友	1.290	0.021	1.126	0.387
已婚	1.421	0.004	1.314	0.080
对数似然比	893.255			
卡方值	212.866***			
Nagelkerke R²	0.076			
Cox-Snell R²	0.064			
McFadden R²	0.036			

*** $p < 0.001$。

可以看出，年龄对在京女性农民工的定居意愿没有显著影响，受教育程度、家乡所在地、婚姻状况对其定居意愿有显著影响。整体回归模型卡方值为 212.866，对应 $p < 0.001$，表示回归模型呈显著性，自变量对定居意愿的解释作用显著，解释其总变差的 7.6%（Nagelkerke R²），现具体分析如下。

（1）受教育程度对于女性农民工的留京意愿有显著影响，但对其离京意愿没有显著影响。高中学历女性的留京意愿是小学学历的 1.775 倍，大专学历女性的留京意愿是小学学历的 2.476 倍，本科及以上学历的女性农民工的留京意愿是小学学历的 3.735 倍。整体上看，受教育程度越高的女性，留京意愿越强。

（2）家乡所在地对于女性农民工的留京意愿没有显著影响，但对其离京意愿有显著影响。西部地区的女性农民工的离京意愿最为强烈，东部地区的女性农民工次之，家乡在中部的女性农民工离京意愿最弱。整体上看，家乡距离北京越远的农民工，其离京意愿越强烈。

（3）婚姻状况对于女性农民工的留京意愿有显著影响，对其离京意愿没有显著影响。同未婚无友的女性相比，未婚有友的留京意愿是其 1.290 倍，已婚女性留京意愿是其 1.421 倍。整体上看，同未婚无友的女性相比，未婚有友或已婚的人留京意愿更强。

另外，在控制其他自变量之后，可以发现，年龄对在京女性农民工的定居意愿没有影响。从其他学者的研究成果来看，有研究表明年龄对留城意愿有显著的负向影响，即年轻人期望定居城市（任远，2008；侯红娅等，2004；王毅杰，2005），但也有研究表明无显著影响（熊波等，2007）。造成这种年龄对农民工留城意愿影响不确定性的原因，可能跟研究者所使用的数据（包括其抽样设计、样本数量以及解释变量）有关。

年龄越大，相对而言外来者在外打工的时间就越长，对家乡的感情就越有可能疏远。从生活习惯的角度来看，在城市打工的年限越长，对城市的风土人情、生活方式越熟悉，人际关系网络规模越大，也就越能够适应城市生活。因此，从这个角度说，年龄对一个人的定居意愿应该有正向影响。但是，就本研究而言，样本是新生代农民工，她们的年龄相对比较年轻（样本中年龄最大为 34 岁），而且样本年龄跨度不大，与第一代农民工相比，她们外出时年纪尚轻，思想更为活跃，对农村以及城市感知的异质性更强，从这个角度看，年龄对于留京愿意的作用不显著也就不难理解了。

5.4　经济层面

经济层面的自变量包括收入、工作时间、是否签订劳动合同，通过分析其对女性农民工城市定居意愿的影响，构建经济层面模型，这些自变量对女性农民工定居意愿产生影响的回归分析结果见表 5-5。

表 5 – 5　经济层面模型

解释变量 – 经济层面 （N = 3221）	留京		离京	
	发生比 Exp（β）	sig.	发生比 Exp（β）	sig.
月收入（以 100 ~ 1999 元为参照组）				
2000 ~ 3999 元	1. 170	0. 138	1. 101	0. 460
4000 ~ 5999 元	1. 925	0. 000	1. 226	0. 394
6000 ~ 7999 元	2. 956	0. 011	1. 059	0. 930
8000 元以上	2. 324	0. 001	0. 823	0. 650
每天工作小时数（以 12 小时以上作为参照组）				
10 ~ 11 小时	0. 727	0. 135	0. 811	0. 380
8 ~ 9 小时	0. 930	0. 711	0. 720	0. 142
8 小时以下	1. 227	0. 327	0. 830	0. 448
是否签订劳动合同（以未签合同作为参照组）				
签 1 ~ 3 年合同	2. 058	0. 000	0. 976	0. 851
签 3 年以上合同	2. 840	0. 000	0. 916	0. 697
对数似然值	513. 282			
卡方值	128. 350 ***			
Nagelkerke R^2	0. 046			
Cox-Snell R^2	0. 039			
McFadden R^2	0. 022			

*** $p < 0.001$。

从表 5 – 5 中可以看出，每天工作小时数对女性农民工的定居意愿没有显著影响，月收入、是否签订劳动合同对其定居意愿有显著影响，整体回归模型卡方值为 128. 350，对应 $p < 0.001$，表示回归模型呈显著性，自变量对其定居意愿的解释作用显著，可以解释总变差的 4. 6%（Nagelkerke R^2），具体分析如下。

（1）收入对女性的留京意愿有显著影响，对其离京没有显著影响。同 100 ~ 1999 元月收入的人相比，收入为 2000 ~ 3999 元的人的留京意愿是其 1. 170 倍（但不显著），月收入为 4000 ~ 5999

元的人的留京意愿是其 1.925 倍，收入是 6000～7999 元的人的留
京意愿是其 2.956 倍，收入为 8000 元以上的人的留京意愿是其
2.324 倍。也就是说，从收入上看，以 4000 元作为分割点，月工
资在 4000 元以上的人的留京意愿开始变得更加强烈，而且增加显
著。从整体上看，收入越高的人，其留京意愿越强。

（2）是否签订劳动合同对于女性的留京意愿有显著影响，对其
离京意愿没有显著影响。整体上看，签订合同的人更愿意留在北京，
而且签订劳动合同时间越长，其越愿意留在北京。同没有签订劳动
合同的人相比，签了 1～3 年劳动合同的人的留京意愿是其 2.058 倍，
签了 3 年以上劳动合同的人的留京意愿是其 2.840 倍。

5.5　社会层面

社会层面的自变量包括在京打工时间、朋友中北京人数量、
社区活动参与等，分析其女性农民工定居北京意愿的影响，构建
社会层面模型。社会层面因素对女性农民工定居意愿的影响结果
见表 5－6。

表 5－6　社会层面模型

解释变量－社会层面（N＝3141）	留京		离京	
	发生比 Exp（β）	sig.	发生比 Exp（β）	sig.
在京打工时间（连续变量）	1.048	0.000	0.995	0.743
朋友中北京人数量（以没有作为参照组）				
1～2 个	1.920	0.000	0.915	0.477
3～4 个	3.781	0.000	0.780	0.186
5 个以及上	6.235	0.000	0.865	0.389
社区活动参与（以不知情作为参照组）				
从不参加	1.297	0.028	1.253	0.102

解释变量 – 社会层面（N = 3141）	留京		离京	
	发生比 Exp（β）	sig.	发生比 Exp（β）	sig.
偶尔参加	1.617	0.000	1.372	0.030
有时参加	1.770	0.000	1.137	0.487
总是参加	1.941	0.033	1.677	0.189
对数似然值	1512.545			
卡方值	347.232***			
Nagelkerke R^2	0.124			
Cox-Snell R^2	0.105			
McFadden R^2	0.060			

*** $p < 0.001$。

可以看出，在京打工时间、朋友中北京人数量、社区活动参与对女性农民工的定居意愿有显著影响，整体回归模型卡方值为 347.232，对应 $p < 0.001$，表示回归模型呈显著性，自变量的解释作用显著，可以解释总变差的 12.4%（Nagelkerke R^2），具体分析如下。

（1）在京打工时间对于女性农民工的留京意愿有显著影响，对于其离京意愿没有显著影响。整体上看，在京打工时间越长，其留京意愿就越强，具体来说，在京打工时间每增加一年，其留京意愿增加 4.8%。

（2）朋友中北京人数量对女性农民工的留京意愿有显著影响，对于其离京意愿没有显著影响，朋友中北京人越多的女性，其越倾向于留在北京寻求发展。同朋友中没有北京人的女性农民工相比，朋友中有 1~2 个北京人的女性农民工的留京意愿是其 1.920 倍，朋友中有 3~4 个北京人的女性农民工的留京意愿是其 3.781 倍，朋友中有 5 个及以上北京人的女性农民工的留京意愿是其 6.235 倍。

（3）社区活动参与对女性农民工的留京意愿有显著影响，对其离京意愿没有显著影响。越是积极参与社区活动的女性，其留京意愿越强。具体来说，同对社会活动不知情的女性相比，从不参加、偶尔参加、有时参加、总是参加社区活动的女性的留京意愿分别是其 1.297、1.617、1.770、1.941 倍。

5.6　心理层面

心理层面的自变量包括自评社会经济地位、是否遭遇不公正待遇以及北京市民的态度等方面，分析其对女性农民工居留北京的意愿，构建心理层面模型。心理层面因素对在京女性农民工定居意愿的影响结果见表 5-7。

表 5-7　心理层面模型

解释变量 – 心理层面 （N = 3214）	留京		离京	
	发生比 Exp（β）	sig.	发生比 Exp（β）	sig.
自评社会经济地位（以底层作为参照组）				
中下层	1.749	0.000	1.070	0.688
中上层	3.866	0.000	2.557	0.047
是否遭遇不公正待遇（以从没有遇到作为参照组）				
很少遇到	1.037	0.739	0.878	0.351
有时遇到	1.096	0.416	0.917	0.546
经常遇到	1.329	0.161	1.019	0.938
北京市民的态度（以排斥作为参照组）				
友好	2.204	0.000	0.575	0.002
一般	0.808	0.230	0.584	0.002
对数似然值	252.082			
卡方值	202.706***			
Nagelkerke R^2	0.073			
Cox-Snell R^2	0.061			
McFadden R^2	0.034			

*** $p < 0.001$。

可以看出，女性农民工自评社会经济地位、北京市民的态度对女性农民工的定居意愿有显著影响，在北京务工期间是否遭遇不公正待遇对女性农民工的定居意愿没有显著影响。回归模型卡方值为202.706，对应 $p < 0.001$，表示回归模型呈显著性，自变量的解释作用显著，可以解释总变差的7.3%（Nagelkerke R^2），具体分析如下。

（1）自评社会经济地位对在京女性农民工的留京意愿有显著影响，对其离京意愿没有显著影响。自评社会经济地位越高的女性，其留京意愿越强烈。与自认为处在底层的农民工相比，自认为处于中下层的人的留京意愿是其1.749倍，自认为处于中上层的人的留京意愿是其3.866倍。

（2）北京市民的态度对于女性农民工的留京意愿及离京意愿都有显著影响，同认为北京市民态度为排斥的人相比，认为北京市民态度友好的受访者的留京意愿更为强烈，留京意愿是其2.204倍，而认为北京市民态度友好或一般的女性受访者的离京意愿只是其57.5%和58.4%。总之，那些认为北京市民态度越友好的女性越倾向于留在北京，认为北京市民态度越排斥的女性越倾向于离开北京。

5.7　综合模型

前文分别从个人特征、经济层面、社会层面、心理层面分析其对女性农民工城市定居意愿的影响。现在把四类因素作为整体纳入模型中，构建综合模型。从前文的分析可知，以上不同层面的有些因素对农民工的留京意愿具有统计显著性，有些因素对农民工的离京意愿具有统计显著性，有些因素对留京及离京都不具有统计显著性，此处只将对留京或离京具有统计显著性的因素纳入模型进行综合分析，结果见表5-8。

表 5 - 8   综合模型

解释变量（N = 3076）	留京		离京	
	发生比 Exp（β）	sig.	发生比 Exp（β）	sig.
个人特征				
受教育程度（以初中及以下作为参照组）				
高中（含职高、中专、技校）	1.382	0.010	1.278	0.069
大专	1.521	0.003	0.966	0.839
本科及以上	2.047	0.000	0.732	0.176
家乡所在地（以西部作为参照组）				
中部	1.012	0.938	0.453	0.000
东部	1.117	0.444	0.549	0.000
婚姻状况（以未婚，无男/女朋友作为参照组）				
未婚，有男/女朋友	1.292	0.032	1.155	0.303
已婚	1.240	0.079	1.177	0.265
经济层面				
月收入（以 100～1999 元作为参照组）				
2000～3999 元	0.943	0.616	1.046	0.737
4000～5999 元	1.085	0.678	1.427	0.153
6000～7999 元	1.224	0.669	1.179	0.804
8000 元及以上	1.381	0.311	0.749	0.565
是否签订劳动合同（以未签作为参照组）				
签 1～3 年合同	1.561	0.001	1.020	0.882
签 3 年以上合同	1.788	0.002	0.972	0.906
社会层面				
在京打工时间（连续变量）	1.219	0.005	0.983	0.317
朋友中北京人数量（以没有作为参照组）				
1～2 个	1.575	0.002	0.944	0.671
3～4 个	2.817	0.000	0.813	0.293
5 个以及上	3.885	0.000	0.902	0.568
社区活动参与（以不知情作为参照组）				
从不参加	0.776	0.041	1.244	0.124

续表

解释变量 （N = 3076）	留京		离京	
	发生比 Exp （β）	sig.	发生比 Exp （β）	sig.
偶尔参加	1. 188	0. 184	1. 374	0. 032
有时参加	1. 188	0. 243	1. 135	0. 503
总是参加	1. 259	0. 491	1. 570	0. 268
心理层面				
自评社会经济地位 （以底层作为参照组）				
中下层	1. 550	0. 000	0. 979	0. 864
中上层	5. 301	0. 000	2. 895	0. 032
北京市民的态度 （以排斥作为参照组）				
友好	1. 222	0. 287	0. 566	0. 002
一般	0. 705	0. 067	0. 562	0. 001
对数似然值	4760. 419			
卡方值	516. 668***			
Nagelkerke R^2	0. 185			
Cox-Snell R^2	0. 156			
McFadden R^2	0. 092			

*** $p < 0.001$。

　　把女性农民工的个人特征、经济层面、社会层面、心理层面四类自变量中具有显著作用的因素全部纳入模型进行分析，结果见表 5 - 8。可见，整体回归模型卡方值为 516. 668，对应 p = 0. 000，表示回归模型呈显著性，自变量的解释作用显著，可以解释总变差的 18. 5% （Nagelkerke R^2），表明在京女性定居意愿受到四类因素的影响显著。从表 5 -7 中可见，当把这四类因素全部置于模型中时，其中一些原来曾经起到显著作用的因素仍然显著，但是还有一些原来起显著影响作用的因素不再具有显著影响。下面具体分析。

1. 个人特征

个人特征中，受教育程度对于女性的留京意愿仍然有显著影响，家乡所在地对于农民工的离京意愿仍然有显著影响，婚姻状况对定居意愿的影响作用不再显著。

第一，从表5－8数据中可以看出，新生代女性农民工的留京意愿是基于教育的正向自我选择过程，受教育程度高的女性更加倾向于留京，同初中及以下学历农民工相比，高中学历女性的留京意愿高出38.2%，大专学历的留京意愿高出52.1%，本科及以上的留京意愿是其2.047倍。

学者对于农村女性受教育程度与流动决策之间存在一定相关性没有异议，受教育程度越高的女性越倾向于在城市定居（李强，2003），受教育程度高的更愿意留在城市（李楠，2010；李珍珍、陈琳，2010），受教育程度有助于提升农民工的留城意愿（景晓芬、马凤鸣，2012）。"大专及以上文化程度的农民工对于城市生活能够适应的占78.40%，文化程度为高中、初中、小学的农民工对城市生活能够适应的分别占73.19%、66.96%及60.77%"（转引自刘鸿谕，2013：5）。

从国际上看，有学者利用1987～1990年从墨西哥十个社区收集到的数据对美国的墨西哥女性的迁移模式进行分析（Donato，1993：766）。结果表明，无论是对于迁移前有无土地，还是之前是否有迁移经历的受访者来说，其迁移意愿都随着受教育程度的提高而变得强烈。

教育之所以对留城意愿产生正向影响，有如下几方面原因。一方面，教育与诸如收入、职业地位、网络支持等其他资源具有较强的相关性，教育不仅使农民工具备在城市中从事某些职业的技能，而且其受教育程度越高，在城市里具备的竞争力就越大，越能找到职位相对较高、收入相对较好和稳定性较强的工作，生活水平也会相应提高。教育能够帮助个体获得分析、解决问题的能力，使得农民工更好地处理、解决生活中所遇到的各种问题，从而更好地适应当地社会。另外，对于移民来说，教育还能够帮助他们适应迁入地社会的文化特征——语言、历史、价值观、新的行为文化规范等，在城市中更能发挥自身优势，这些都有利于提升新生代农民工的留京意愿。总之，在工业社会中，高水平的生产力要求劳动者的文化水平应该至少同其相匹配，因为"经济的生产力水平与劳动力的受教育水平是紧密联系在一起的"（伦斯基，1988：407），更高的受教育程度会使迁移者具备更高的知识水平以及更多的能够在陌生城市环境中生存下来的技能。

（2）从家乡所在地来看，与来自东部与中部的女性相比，来自西部的新生代农民工更倾向于离开北京。其他学者的研究也表明，来自打工城市附近农村的新生代农民工更倾向于在打工城市定居，"属地就近"原则在新生代农民工定居地的选择过程中体现出一定的方向性意义（黄庆玲，2014：61）。

有学者对人口迁移的地域结构进行分析，结果表明，中国人口迁移在地域结构上具有连片分布的特点，即受到距离等空间因素及长期以来形成的地域文化相似性和历史联系紧密性等因素的影响（王桂新等，2005）。从地理上看，东部、中部与北京的空间距离更近些，相对而言，西部省市离北京更远，距离家乡更远的新生代农民工倾向于返乡也在情理之中。

（3）关于婚姻状况对于定居意愿的影响作用，当将四类因素全部纳入模型时，婚姻状况不再对定居意愿有显著影响。再来看其他学者的研究结果，已婚农村妇女的流动性要比未婚的低23.76%（苏群、刘华，2003），已婚农民工要比未婚者更倾向于返回老家定居（夏怡然，2010），可见，更多的已婚农民工倾向于选择在老家定居而非在外打拼。

已婚女性倾向于返回家乡，这是由于她们面临更重的家庭负担和更严格的社会规范。从中国传统文化角度看，女性结婚后的传统角色是家庭主妇，在家相夫教子、孝敬公婆。然而，21世纪的今天，对于新生代农民工而言，以往的传统观念已经有了很大改观，女性同男性一样，也有自己的事业，也要实现自己的理想，家庭、孩子、丈夫不再是其唯一的束缚。与此对应的是，无论是已婚女性还是未婚女性都会走出家庭，力争闯出自己的一片天空。所以，无论已婚与否都不再是束缚女性到更广阔天地寻求发展的羁绊了。因此，对于本研究中婚姻状态的影响作用不显著也是可以理解的。

2. 经济层面

从经济层面上看，是否与雇主或老板签订劳动合同对女性农民工的留京意愿有显著影响，而收入对于女性农民工的定居意愿不再有显著影响。

（1）从数据分析可见，月收入对于农民工的留京与离京意愿都没有显著影响。这样的结果在其他学者的研究中也出现过。月收入变量在回归模型中并未对留城意愿产生影响（李楠，2010）；经济因素对于农民工的留城意愿没有显著统计意义（蔡玲、徐楚桥，2009）。值得注意的是，虽然经济因素在农村劳动力的外出决策中起重要作用，但已经不再是影响农民工留城意愿的主要因素（李珍珍、陈琳，2010）。

我们知道，中国"三农问题"的实质是贫困问题。众多学者的研究结果表明，经济收入是决定农村外出劳动力迁移意愿的重要因素。经济因素在农民工迁移的第一阶段——迁出决策中曾经发挥重要作用，但是对于已经完成迁出决策、来到城市、正在体验城市生活的农民工来说，在决定留城还是返乡时，其影响作用远比最初决定是否外出时小。此时已非彼时，现在还有更重要的因素在影响进城务工者的留城意愿，此时已经掺杂着更多的非经济因素（黄平、郭于华、杨宜音，1997，转引自李珍珍、陈琳，2010）。

实际上，农民工的这种决定也是一种理性行动。正如文军（2001）从理论上界定出的三种理性——生存理性、经济理性和社会理性，社会理性的最基本特点是在追求效益最大化的过程中寻求个人满足感，寻求一个令人满意的或足够好的行为程序，而不是在经济理性中寻求利益的最大化。而经济因素不再对其定居城市意愿有显著影响正是其理性行动的一种体现。

另一方面，从女性农民工的迁移动机上看，根据前文分析可知，女性外出打工的首要原因是获得更大的发展空间，其次才是赚钱；选择来北京打工的主要原因是"北京机会多""个人能见大世面""北京有亲戚"。出于经济方面的考虑——"北京比别的地方容易挣钱、挣钱多"而来北京打工的女性农民工只占8.6%。从这些数据可见，金钱以外的东西更能吸引新生代农民工，至少是选择到北京寻求发展的新生代女性农民工是这样。这一结论同已有的针对北京流动人口的研究结论是一致的（胡玉萍，2007；尉建文，2008）。如此看来，到北京寻求发展的新生代农民工，尤其是女性农民工更加看重的是各种发展机会和各项技能的增长，北京的教育文化资源及富有挑战性的工作发展空间对于她们来说具有极大的吸引力与诱惑，收入的多少对于其留京意愿没有显著影响。

（2）同与雇主或老板没有签订劳动合同的新生代农民工相比，签订合同的农民的留京意愿更强烈。这一结论与已有的调查研究结论一致（朱宇，2004），稳定的工作保障是新生代农民工决定留京的一个原因。

3. 社会层面

从社会层面上看，在京打工时间、朋友中北京人数量对于新生代女性农民工的留京意愿仍然有显著影响，社区活动参与情况对其留京及离京不再有显著的影响作用。

（1）在北京打工时间越长的女性农民工，越倾向于留在北京。在北京居住时间每增加1年，其留京意愿增加21.9%。其他学者的研究也表明，农民工在外打工时间每增加1年，其愿意返回老家的概率降低0.5%，而愿意成为城市居民的概率提高0.6%（李强、龙文进，2009）。进城年限对产生留城意愿有显著正向影响（李楠，2010）。农民工在城市时间越长，其越愿意留在城市（任远，

2006）。

城市经历对于移民的适应有重要影响，有学者研究发现，农民工在城市时间越长，其城市适应性越好（许传新，2007b）。中国的城市与农村的文化与生活方式差异很大。初来城市的农民工在社会交往过程中往往感到困惑，在很短时间内适应城市生活会有一定的困难。逐渐熟悉城市、适应城市，直到融入城市，这是随着时间的推移逐渐发生的过程。在大都市居住时间越长，随着其对城市环境与生活模式的逐渐熟知，摸索自己的定位与发展方向，积累城市经验，接受城市现代文明越充分，形成与城市生活相适应的谋生本领、生活方式，融入城市的能力越强。因此，随着城市适应能力的提高，农民工的留京意愿也就变得更加强烈。

（2）朋友中北京人数量越多的女性，其留京意愿越强，其留京意愿随着北京朋友数量的增多而增强。与拥有较多当地市民朋友的农民工相比，市民朋友较少的农民工定居城市的意愿相对较弱。农民工结识的市民越多，彼此相处得越融洽，他们就越能够很好适应城市生活，倾向于选择城市作为最终居住地。

有学者研究表明，有无再建构社会关系网的农民工，其在城市的收益有明显差异。能够成功再建构社会网的农民工，其收益大于不能成功再建构社会关系网的农民工，而且再建构的社会网规模越大，其网络内的资源越倾向于流向网络中心的行动者。这在一定程度上可以解释为何朋友中北京人的数量能够影响农民工定居城市的意愿（曹子玮，2003）。农民工个体作为社会的一分子，社会交往是其生活中的重要组成部分，而拥有的朋友数量作为一种社会资本，对于个体的精神健康与事业成功都有极大影响。由朋友构成的社会网络不仅直接导致"移民链"的形成，还可以为移民提供一种安全、稳定、低成本的交往方式与流动方式。最初时，农民工与市民的互动处于较浅层次，双方对彼此的交往不会倾注太多的兴趣和信任，但是互动双方在彼此接触甚至碰撞的过程中，逐步加深对对方的熟悉和了解。如果交往过程能够继续得到延续，那么二者之间最初的浅层次交往就会发展成为深层次交往，"弱关系"就有可能发展成为"强关系"。正如有学者的研究表明，农民工与城市居民的交往行为越频繁、越深入，其定居城市的意愿就越明显、越强烈（叶鹏飞，2011）。"与其他群体和阶层的交往，会推动和促使向这些群体和阶层的流动"（布劳，1991：394），即所谓"朋友多了，路好走"。

4. 心理层面

从心理层面上看，自评社会经济地位对于新生代女性农民工的留京意愿有显著影响，北京市民的态度对于其离京意愿有显著影响。

（1）女性农民工对其自身社会经济地位评价越高，其越愿意留在北京，即其留京意愿随着自评地位的提高而增强。

其他学者也有类似研究，经济地位越高的农民工越愿意留在城市（熊波、石人炳，2007）。社会经济地位是一个人形成自我概念的重要来源，无论是农民工对北京市民态度的认同还是社会经济地位自评都是农民工在城市生活中的一种心理认同与心理感知。正如米尔顿·戈登曾经指出的，社会认同是衡量个体融入主体社会程度的一个重要维度（戈登，1997）。

（2）北京市民的态度对于女性离京意愿有显著的影响作用，认为自己受到北京市民排斥的农民工更倾向于离开北京。由于受到习俗与传统观念的影响，流动群体与家人团聚和情感交流的缺乏使其不得不长期面对孤独，身在异乡的她们往往不得不承受很大的心理压力。另外，由于诸多方面的原因，她们在城市的社会成员身份并未得到承认，被排斥在社会保障、公共服务体系之外。这些客观事实难以人为地被改变，如果外来者在客居之地无法感觉到异乡人的友善与亲情，那么就很难对其所在城市形成认同感与归属感，适应城市生活会更加困难，进而导致其强烈的离京愿意。当心理及情感都无法得到安慰与满足时，新生代农民工会做出逃离北京的决定。

有学者基于 2008 年北京、上海、天津和广州四城市农村外出劳动力的调查数据，分析影响迁移劳动力留城和返乡意愿的主要因素。结果表明，受教育年限对农村外出劳动力的留城意愿有显著正向影响，城市归属感对农村外出劳动力再迁移意愿产生积极的影响，与本地居民交往越密切，自认是本地居民的进城务工者越有可能定居城市。性别、年龄、婚姻、月收入对留城意愿的影响不显著（李楠，2010）。这一结论与本研究的全模型分析结果在一定程度上有契合之处。

本章小结

城市不仅仅是一群人共同居住的地域，它还体现出"城市性"的心理状态和生活方式，城市化是"社会生产力和社会关系、人类精神世界和生活方式迈向现代化的综合反映（郑杭生，1987：343）。如果外来者能够很好地适应城市生活，他们自然就愿意定居在城市。通过本章研究，我们发现个体特征、经济层面、社会层面、心理层面对于在京女性农民工留城抑或离开城市意愿都有一定影响。

女性本人的受教育程度、是否签订劳动合同、在京打工时间、朋友中北京人数量、自评经济地位对于其留京意愿有显著影响；家乡所在地、北京市民的态度对于其离京意愿有显著影响；收入、婚姻状况、社区活动参与对于其留京及离京均没有显著影响。以上研究结论表明，农民工是否顺利适应城市生活进而产生定居城市的意愿，不仅与个体自身的某种属性有关，还与劳动力市场的影响作用有关，而且个体的城市经历与心理感受也发挥重要影响作用。

因此要想提高农民工的城市适应性，提高其定居城市意愿，需从以下几方面努力：一方面，增强劳动市场的影响作用，与劳动者签订用工合同，以法律形式保障农民工的合法劳动权益；另一方面，将农民工纳入社区管理，让其享受到城市居民的权益，促进农民工与市民平等相处，从而增强其自身认同感及城市归属感。

第六章　女性农民工与男性农民工居留意愿影响因素的比较分析

从前文分析可知，不同性别农民工的适应城市状况存在差异。这种差异性导致农民工对于自己未来的人生规划也不尽相同。那么，性别对于农民工的未来人生规划——是否愿意留在大城市继续发展，是否愿意在大城市扎根——的影响是否也会有差异呢？本章试就这一问题进行探讨，分析男性农民工与女性农民工定居城市的影响因素是否存在差异。本章首先就男性农民工与女性农民工的定居意愿进行对比，然后分别从个人特征、经济层面、社会层面以及心理层面的影响因素进行比较，最后将以上影响因素进行整合构建全模型。

6.1　居留意愿比较

在描述男性农民工居留意愿之前，先来看本调查中的男性样本情况，具体描述见表6-1。

表6-1　男性农民工自变量描述

变量	变量说明	频次	百分比（％）	变量	变量说明	频次	百分比（％）
年龄	31～33岁	601	18.2	受教育程度	本科及以上	327	9.8
	26～30岁	1311	39.8		大专	562	16.8

续表

变量	变量说明	频次	百分比（%）	变量	变量说明	频次	百分比（%）
年龄	21～25岁	1112	33.7	受教育程度	高中（含职高、中专、技校）	1230	36.8
	17～20岁	274	8.3		初中及以下	1222	36.6
	N	3298	100.0		N	3341	100.0
家乡所在地	东部	1562	46.9	婚姻状况	已婚	1198	35.8
	中部	1234	37.1		未婚有友	1052	31.4
	西部	532	16.0		未婚无友	1099	32.8
	N	3328	100.0		N	3349	100.0
月工资	8000元以上	111	3.3	是否签订劳动合同	自我经营	214	6.4
	6000～7999元	50	1.5		其他	64	1.9
	4000～5999元	427	12.8		1～3年	1899	57.2
	2000～3999元	2125	63.5		3年以上	317	9.5
	100～1999元	636	19.0		没有签	828	24.9
	N	3349	100.0		N	3322	100.0
朋友中北京人数量	5个及以上	748	22.7	更换工作次数	没有换过	823	25.1
	3～4个	486	14.7		1～2次	1191	36.4
	1～2个	1154	35.0		3～4次	877	26.8
	没有	911	27.6		5次及以上	382	11.7
	N	3299	100.0		N	3273	100.0
社区活动参与	总是	99	3.0	是否遭遇不公正待遇	很少遇到	1246	37.5
	有时	555	16.7		有时遇到	1083	32.6
	偶尔	795	23.9		经常遇到	230	6.9
	不知情	1138	34.2		从来没有遇到	760	22.9
	从不	736	22.1				
	N	3323	100.0		N	3319	100.0

续表

变量	变量说明	频次	百分比（%）	变量	变量说明	频次	百分比（%）
自评社会经济地位	上层	67	2.0	北京市民的态度	友好	1549	46.5
	中层	351	10.6		一般	1485	44.6
	下层	2903	87.4		排斥	295	8.9
	N	3321	100.0		N	3329	100.0

在京男性农民工的留城意愿如表6-2所示。从中可见，男性的定居意愿同女性有相同趋势，即近六成的人对未来人生预期持模糊态度，只有23.9%打算在城市发展，近二成的人明确表明要离开北京。经卡方检验可知，$\chi^2 = 29.278$，df = 2，sig. = 0.000，男性与女性的定居意愿有显著差异，女性更倾向于留在北京，男性更倾向于离开北京。

从本研究数据可知，有留京意愿的农民工，无论是男性还是女性，都不足三成比例。从前文数据分析中我们知道，无论是男性农民工还是女性农民工，都有近二成的人每月没有结余，经济方面的原因使他们难以在城市长期居住下去，因此对于一些人有逃离都市的愿意也就不足为奇。

表6-2　农民工的居留意愿

单位：%，人

性别	没想过	留京	离京	N	χ^2	df	sig.
女	60.3	26.5	13.2	3286			
男	58.1	23.9	18.0	3322	29.278	2	0.000
总计	59.2	25.2	15.6	6608			

其他学者的相关研究表明，女性流动人口的定居比例大大超过男性（郑杭生、李路路，2004：310）。有学者基于2007年7省区的调查数据发现，男性、女性的城市定居意愿如表6-3所示（叶鹏飞，2011：160），女性希望定居城市的比例略高于男性，但

总体上差异不显著，卡方值为 3.44，显著性水平为 0.179。还有调查发现，女人比男人更加喜欢城市生活，女人更有可能体会"住在城里"的感受，对城市生活产生更积极的评价（李伟东，2007）。还有诸多研究结果表明，女性的留城意愿比男性更强（孙朝阳，2009；叶鹏飞，2011；李强、龙文进，2009；续田曾，2010，李珍珍、陈琳，2010；余晓敏、潘毅，2008；张丽艳、陈余停，2012）。当然，也有与此不一样的研究结论：男性比女性更愿意留在城市（吴兴陆、亓名杰，2005；熊波、石人炳，2007）。

再来看国际移民的相关研究结果。最近到美国的移民中至少有一半是女性，阿根廷和以色列移民中女性也占主导地位，在西非和波斯湾国家的地区移民构成越来越高的比例（Tyree & Davin，2005）。在非洲，迁移到城市的移民中男性占据主导地位，女性留在农村耕种土地。在拉丁美洲、加勒比海地区以及菲律宾，大多数城市移民是女性。在南亚城市移民中，男性数量远超出女性（Fernandez-Kelly，1983，Reiff et al.，1983，Gabaccia，1987，Khoo et al.，1984，Lee，1989，Hojman，1989，Gugler，1989，转引自 Pedraza，1991：310），男性移民比女性移民更愿意迁移到城市地区，更愿意将农业工作转为非农工作（Fan，2000）。

表 6-3　7 省区的城市居留意愿

单位：人，%

性别	居留意愿			N
	没想过	留城	离城	
女	36.2	43.7	20.1	547
男	35.1	40.9	24.0	1316
总计	35.4	41.7	22.9	1863

根据国内外的相关研究并结合本研究结论，总体上看，还是女性比男性有更高的留城意愿。如何解释这一现象呢？

在农村，女性从事的是单一、繁重的农业劳动，以及几乎没有报酬的家务劳动，女性的劳动价值以及自身价值都无从体现，而男性大多数从事的是有偿工作，"男女有别"在农村体现得更加明显。而在城市里，父权或夫权得以削弱，女性无须再依附男子，无须遵守"从父、从夫、从子"等传统行为规范，女性更有可能突破传统与地域的限制，充分发挥聪明与才智，从而改变自己卑微的社会地位与命运。另外，尽管国家制定各种政策努力保障女性的充分就业，确保男女同工同酬，然而，只有在城市里，这些政策才有可能得到更好的实施，女性才会得到更多的尊重，即只有在城市，女性才有可能实现自身的价值，实现心灵与精神上的满足。在实现男女平等的过程中，正是在城市里，女性个体存在的意义与价值才能得到充分发挥。因此，相对于男性，女性农民工更愿意选择在城市而不是在农村生活，更愿意主动在心理层面和社会层面上积极适应城市生活。

另一方面，对于男性农民工来说，从前文数据可知，具有高中以下文化程度的占到七成多，具有大专及以上文化程度的农民工相对较少，而拥有一技之长的农民工更少。文化程度低，又不具备专业技能，社会经济地位较低，成为农民工在城市里就业的瓶颈，也使得男性农民工倾向于返乡。另外，男性通常被赋予更多的社会责任，工作压力大，他们要想在城市里实现成功，往往需要比女性甚至比城市男性付出得更多，所以焦虑感更强，这也在某种程度上使他们倾向于离开城市，回到家乡或者去其他二三线城市谋求发展。

与分析女性农民工定居城市意愿受到哪些因素影响类似，接下来，笔者将从个人特征、经济层面、社会层面、心理层面分析男性农民工定居城市意愿的影响因素。

6.2 个人特征

首先，利用男性个人特征对其定居意愿进行多项逻辑斯蒂回归（multinomial logistic regression）分析，构建个人特征模型。同对女性的分析类似，个人特征包括年龄、受教育程度、家乡所在地以及婚姻状况。个人特征对男性农民工城市居留意愿的影响结果见表6-4。

表6-4　个人特征模型

解释变量 - 个人特征 （N = 3243）	留京		离京	
	发生比 Exp（β）	sig.	发生比 Exp（β）	sig.
年龄（以17~20岁作为参照组）				
21~25岁	1.051	0.792	0.736	0.078
26~30岁	1.218	0.309	0.880	0.481
31~33岁	1.307	0.210	0.754	0.184
受教育程度（以初中及以下作为参照组）				
高中（含职高、中专、技校）	1.130	0.249	1.108	0.348
大专	1.667	0.000	0.838	0.250
本科及以上	2.158	0.000	1.137	0.477
家乡所在地（以西部作为参照组）				
中部	0.658	0.001	0.760	0.042
东部	0.819	0.105	0.633	0.001
婚姻状况（以未婚，无男/女朋友作为参照组）				
未婚，有男/女朋友	1.410	0.002	1.096	0.441
已婚	1.285	0.041	1.010	0.941
对数似然比	910.693			
卡方值	100.196***			
Nagelkerke R^2	0.036			
Cox-Snell R^2	0.030			
McFadden R^2	0.016			

*** $p < 0.001$。

可以看出，年龄对居留意愿没有显著影响，受教育程度、婚姻状况、家乡所在地对其居留意愿有显著影响，具体分析如下。

（1）受教育程度对于在京男性农民工的留京意愿有显著影响，

但对其离京意愿没有显著影响。整体上看，接受初等教育和中等教育的男性农民工的留京意愿没有显著差异，但是接受高等教育（包括大专和本科及以上教育）的男性农民工更愿意留在北京，即是否接受高等教育对男性农民工的留京意愿产生显著影响。具体来说，同接受初等教育的男性农民工相比，接受大专教育的男性农民工的留京意愿是其 1.667 倍，本科及以上学历的男性农民工的留京意愿是其 2.158 倍。

（2）家乡所在地对于男性农民工的留京意愿没有显著影响，但对于其离京意愿有显著影响，整体上看，家乡距离北京越远，农民工的离京意愿越强烈。家乡在西部的男性农民工的离京意愿最强，同其相比，家乡在东部的男性农民工的离京意愿是其 63.3%，家乡处于中部地区的男性农民工的离京意愿是其 76%。

（3）婚姻状况对于男性农民工的留京意愿有显著影响，对其离京意愿没有显著影响，整体上看，结婚或未婚有友的男性农民工更倾向于留在北京。同未婚无友的农民工相比，未婚有友的人留京意愿是其 1.41 倍，已婚农民工的留京意愿是其 1.285 倍。

现在比较个人特征对于男性农民工、女性农民工居留意愿影响因素的差异，结果见表 6-5。

表 6-5 个人特征对不同性别农民工定居意愿影响因素的比较分析

解释变量－个人特征	发生比 Exp（β）			
	留京		离京	
	女性	男性	女性	男性
受教育程度（以初中及以下作为参照组）			不显著	不显著
高中（含职高、中专、技校）	1.775***	1.130		
大专	2.476***	1.667***		
本科及以上	3.735***	2.158***		
婚姻状况（以未婚无友作为参照组）				
未婚有友	1.290*	1.410**		

续表

解释变量－个人特征	发生比 Exp（β）			
	留京		离京	
	女性	男性	女性	男性
已婚	1.421 **	1.285 *		
年龄			不显著	
家乡所在地（以西部作为参照组）	不显著			
中部			0.492 ***	0.760 *
东部			0.534 ***	0.633 ***

$^*p < 0.05$，$^{**}p < 0.01$，$^{***}p < 0.001$。

可见，个人特征中的四个因素对男性农民工和女性农民工居留意愿的影响趋势相同。受教育程度和婚姻状况对于男性农民工和女性农民工的留京意愿有显著影响，对其离京意愿没有显著影响；年龄对于男性农民工以及女性农民工的留京及离京意愿都没有显著影响；家乡所在地对于这两类群体的留京意愿没有显著影响，但对其离京意愿有显著影响。

尽管这四个因素对男性农民工和女性农民工定居意愿的影响趋势相同，但是不同自变量的影响程度存在差异。从受教育程度上看，尽管其对男性农民工和女性农民工的留京意愿都有显著影响，但是对女性的影响是近似于线性的，即从初中到高中，到大专再到本科及以上，随着受教育年限的增加，女性的留京意愿越来越强。而在教育对于男性留京意愿的影响方面，初中与高中学历的男性农民工之间没有差异，只有接受高等教育（包括大专和本科及以上）的男性农民工才与接受初中教育的农民工有显著差异。可见，教育对女性农民工的留京意愿影响更加显著。

从婚姻状况看，尽管其对男性农民工与女性农民工的留京意愿都有显著影响，但是这种显著影响存在性别差异。一个人从未婚到成家的过程，应该是从未婚无友到未婚有友，经过一段时间的恋爱之后进入婚姻殿堂，建立家庭的过程，这种交往过程是从未知到已知、从陌生到熟知的过程。可以说，从未婚无友，到未婚有友，再到已婚，这是个体同对方逐步建立熟知关系并且关系逐渐加深的过程。女性农民工的留京意愿正是依据这样的生命历程，而随之依次增强，未婚无友的女性的留京意愿最弱，未婚有友的渐强，已婚女性的留京意愿最为强烈。但是对于男性而言，其留京意愿并未随着与恋人建立关系的亲近而增强，未婚有友的男性要比已婚男性的留京意愿更为强烈。这或许是由于男性与女性对待爱情、两性及婚姻的态度差异所导致的。

6.3　经济层面

通过经济层面因素对男性农民工的留京意愿进行多项逻辑斯蒂回归分析，构建经济层面模型。经济层面的自变量包括月收入、每天工作小时数、是否签订劳动合同，回归分析结果见表6-6。

表 6 - 6　经济层面模型

解释变量 - 经济层面 （N = 3273 人）	留京		离京	
	发生比 Exp（β）	sig.	发生比 Exp（β）	sig.
月收入（以 100 ~ 1999 元为参照组）				
2000 ~ 3999 元	1.264	0.051	0.938	0.596
4000 ~ 5999 元	1.427	0.026	0.866	0.412
6000 ~ 7999 元	3.089	0.001	1.007	0.988
8000 元及以上	1.772	0.024	0.990	0.974
每天工作小时数（以 12 小时以上作为参照组）				
10 ~ 11 小时	0.716	0.062	0.887	0.528
8 ~ 9 小时	0.803	0.182	0.827	0.285
8 小时以下	0.968	0.856	0.767	0.178
是否签订劳动合同（以未签作为参照组）				
签 1 ~ 3 年合同	1.419	0.002	0.925	0.482

解释变量 – 经济层面 （N = 3273 人）	留京		离京	
	发生比 Exp（β）	sig.	发生比 Exp（β）	sig.
签 3 年以上合同	2. 189	0. 002	0. 671	0. 294
对数似然值	566. 986			
卡方值	73. 364 ***			
Nagelkerke R^2	0. 022			
Cox-Snell R^2	0. 026			
McFadden R^2	0. 012			

$^* p < 0.05, ^{**} p < 0.01, ^{***} p < 0.001$。

从表 6 – 6 可以看出，每天工作时间对男性的留京意愿没有显著影响，月收入、是否签订劳动合同对其留京意愿有显著影响，具体分析如下。

（1）收入对男性的留京意愿有显著影响，但对其离京没有显著影响。整体上看，收入越高的人，其留京意愿越强，但是并非线性增加趋势。同月收入 100～1999 元的人相比，收入为 2000～3999 元的人的留京意愿是其 1. 264 倍，月收入为 4000～5999 元的人的留京意愿是其 1. 427 倍，收入是 6000～7999 元的人的留京意愿是其 3. 089 倍，但是收入在 8000 元以上的人的留京意愿陡然下降，只是其 1. 772 倍。

（2）是否签订劳动合同对于男性的留京意愿有显著影响，对其离京意愿没有显著影响。整体上看，签订劳动合同的人更愿意留在北京，而且签订劳动合同时间越长，其留京意愿越强。同没有签订劳动合同的人相比，签了 1～3 年劳动合同的人的留京意愿是其 1. 419 倍，签了 3 年以上劳动合同的人的留京意愿是其 2. 189 倍。

现在比较经济因素对男性农民工、女性农民工居留意愿的影响差异，结果见表 6 – 7。可知，经济因素对于男性农民工及女性农民工的留京意愿的影响具有相同的影响趋势，每天工作小时数无论对于男性农民工还是女性农民工的留京意愿都没有影响，月收入和是否签订劳动合同对于男性农民工和女性农民工的留京意愿有显著影响。

月收入显著影响男性农民工和女性农民工的留京意愿，而且趋势也类似，但略有不同。月收入为 2000~3999 元的女性农民工与月收入 2000 元以下的女性农民工的留京意愿没有显著差异，月收入在 4000 元以上的女性农民工的留京意愿开始显著增强，月收入在 6000~7999 元的女性农民工的留京意愿最强，当月收入超出8000 元时，该群体的留京意愿反而下降。对于男性来说，同月收入 100~1999 元的相比，收入在 2000 元以上的留京意愿开始显著增强。与女性类似，留京意愿最强烈的不是收入最高的（8000 元以上），而是月收入在 6000~7999 元的这一群体。

为何收入最高的农民工，无论男女，其留京意愿反而下降呢？收入很高之人，无论是靠知识还是靠技能作为生存手段，他们都不会因为在都市生活就比农村赚得更多，也不会因为在城市就比农村更容易赚钱，即无论在大都市还是在家乡，这类群体都拥有较强的生存技能，都能生活得很舒适。因此对这一群体而言，其留京意愿并未显著强于收入不如他们的群体，这也是可以理解的。

是否签订劳动合同同样显著影响男性农民工和女性农民工的留京意愿，而且趋势也类似。签订劳动合同的农民工的留京意愿更强烈，而且劳动合同签订时间越长，其留京意愿就越强。但与此同时，我们还可以看出，同未签订劳动合同的农民工相比，签订 1~3 年以及 3 年以上劳动合同的女性的留京意愿分别是其 2倍和近 3 倍，而签订 1~3 年以及 3 年以上劳动合同的男性的留京意愿分别是其 1.4 倍和 2.1 倍，可以看出，是否签订劳动合同对女性农民工定居意愿的影响程度要高于男性农民工，女性对于劳动合同更加敏感。

表 6 - 7　经济层面自变量对不同性别农民工定居意愿影响的比较分析

解释变量 - 经济层面	发生比 Exp（β）			
	留京意愿		离京意愿	
	女性	男性	女性	男性
月收入（以 100 ~ 1999 元为参照组）			不显著	
2000 ~ 3999 元	1. 170	1. 264 *		
4000 ~ 5999 元	1. 925 ***	1. 427 *		
6000 ~ 7999 元	2. 956 *	3. 089 ***		
8000 元以上	2. 324 ***	1. 772 *		
是否签订劳动合同（以未签作为参照组）				
签 1 ~ 3 年合同	2. 058 ***	1. 419 **		
签 3 年以上合同	2. 840 ***	2. 189 **		
每天工作小时数	不显著		不显著	

$^*p < 0.05$, $^{**}p < 0.01$, $^{***}p < 0.001$。

6.4　社会层面

通过社会层面因素对男性农民工北京定居意愿进行多项逻辑斯蒂回归分析，构建社会层面模型。社会层面的自变量包括在京打工时间、朋友中北京人数量、社区活动参与等，回归分析结果见表6 - 8。

表 6 - 8　社会层面模型

解释变量 - 社会层面（N = 3181 人）	留京		离京	
	发生比 Exp（β）	sig.	发生比 Exp（β）	sig.
在京打工时间（连续变量）	1. 183	0. 005	1. 039	0. 560
朋友中北京人的数量（以没有作为参照组）				
1 ~ 2 个	1. 655	0. 000	0. 998	0. 984
3 ~ 4 个	2. 066	0. 000	0. 866	0. 352

续表

解释变量－社会层面（N = 3181 人）	留京		离京	
	发生比 Exp（β）	sig.	发生比 Exp（β）	sig.
5 个及以上	3.085	0.000	0.736	0.057
社区活动参与（以不知情作为参照组）				
从不参加	0.892	0.367	0.988	0.923
偶尔参加	1.254	0.086	0.978	0.872
有时参加	1.629	0.001	1.022	0.891
总是参加	2.302	0.001	0.643	0.244
对数似然值	541.863			
卡方值	176.650 ***			
Nagelkerke R^2	0.063			
Cox-Snell R^2	0.054			
McFadden R^2	0.029			

*** $p < 0.001$。

可以看出，在京打工时间、朋友中北京人数量、是否参与社区活动对其居留意愿都有显著影响，具体分析如下。

（1）在京打工时间对于男性农民工的留京意愿有显著影响，对于其离京没有显著影响。整体上看，在外打工时间越长，其留京意愿就越强，具体来说，在外打工时间每增加 1 年，其留京意愿就增加 18.3%。

（2）朋友中北京人数量对男性的留京意愿有显著影响，对于其离京没有显著影响，朋友中北京人越多的男性，越倾向于留在北京寻求发展。同朋友中没有北京人的农民工相比，朋友中有 1～2 个北京人的留京意愿是其 1.655 倍，朋友中有 3～4 个北京人的留京意愿是其 2.066 倍，朋友中有 5 个及以上北京人的留京意愿是其 3.085 倍。

（3）社区参与活动对男性留京意愿有显著影响，对于其离京没有显著影响。整体上看，越是积极参与社区活动的男性农民工，其留京意愿越强。具体来说，从不参加与偶尔参加社区活动的男性同对社区活动不知情的农民工之间，留京意愿没有显著差异。但是，对于有时参加以及总是参加活动的男性农民工来说，他们的留京意愿显著增强，分别是不知情者的 1.629 倍和 2.302 倍。国内其他学者也有类似的研究结果，即参与当地各类组织有助于提高其留京意愿（段志刚、熊萍，2010）。

新生代农民工进入城市以后，参加社区组织的各类活动，不仅仅是他们自身认同城市社会的一种标志，同时也意味着他们在某种程度上被城市社会所接纳。通过参与社区组织活动能够形成一定的公共意识——对社群的承诺和归属感，活动参与者还会因为参与共同体活动而产生共生感和一致感。正如美国哲学家汉娜·阿伦特所指出的：公民的政治活动，是人的三种等级行为（劳动、工作和行动）中的最高层次，它赋予人生以自我验证的道德意义（转引自潘一禾，2005）。在一定意义上，农民工参与城市社区组织就是适应城市的一种途径，在参与活动的过程中产生归属感、安全感、认同感，从而全面提升自己适应城市社会的能力。

现在比较社会层面因素对于男性农民工、女性农民工定居城市意愿的影响差异。从表 6-9 结果可知，在京打工时间、朋友中北京人数量以及社区活动参与对于男性农民工以及女性农民工的城市定居意愿影响趋势相同：对其留京意愿都有显著影响，对于其离京意愿的影响都不显著。

在外打工时间显著影响男性农民工及女性农民工的留京意愿，在外工作时间每增加 1 年，女性的留京意愿约增加 5%，而男性则增加近 20%。可见，随着时间的延长，男性农民工在城市的自我适应性要比女性提高得快得多，因此其留京意愿也快速增强。

朋友中北京人数量显著影响男性农民工及女性农民工的留京意愿，但是影响程度存在差异。随着朋友数量的增多，男性的留京意愿从 1.6 增加到 2 再增加到 3，但是，女性的留京意愿几乎是从 2 增加到 4 再增加 6，其留京意愿的增长速度几乎是男性的 2

倍。从这样的结果可以看出，朋友对于女性的影响要远远大于对男性的影响，即女性更加重视友情的力量。

如何解释男女两性在此方面的差异？有科学研究表明，男性的大脑中沟通左右脑的神经会少一点，也就是男性在思考时，经常使用左脑（控制理性逻辑的大脑），而较少使用右脑（控制情感创造力的大脑），所以男性的感情较为单一，而女性左右脑的神经更多，也就是说女性很多时候是左右脑一起使用的，所以感情要比男性更加丰富。丰富的感情导致女性对于朋友的重视程度与男性有别。

社区活动参与显著影响男性农民工及女性农民工的留京意愿，但是趋势不同。从社区活动的参与程度上看，从不知情到从不参加，再到偶尔参加、有时参加、总是参加，随着参与程度的提高，女性农民工的留京意愿逐渐增强；但是对于男性农民工来说，同样随着参与程度的提高，从不知情、从不参加、偶尔参加的群体的留京意愿没有显著差异，当参与程度进一步提高，提高到有时参加以及总是参加时，其留京意愿才变得显著。可见，社区活动参与程度对于男性农民工、女性农民工的留京意愿的影响程度不同。

表 6 - 9　社会层面自变量对不同性别农民工定居意愿影响的比较分析

解释变量 - 社会层面	发生比 Exp（β）			
	留京意愿		离京意愿	
	女性	男性	女性	男性
在京打工时间（连续变量）	1.048***	1.183*	不显著	
朋友中北京人的数量（以没有作为参照组）				
1~2 个	1.920***	1.655***		
3~4 个	3.781***	2.066***		
5 个及以上	6.235***	3.085***		
社区活动参与（以不知情作为参照组）				
从不参加	1.297*	0.892		

续表

解释变量 - 社会层面	发生比 Exp（β）			
	留京意愿		离京意愿	
	女性	男性	女性	男性
偶尔参加	1.617***	1.254		
有时参加	1.770***	1.629**		
总是参加	1.941*	2.302**		

$^* p < 0.05, ^{**} p < 0.01, ^{***} p < 0.001$。

6.5　心理层面

通过心理层面因素对男性农民工定居北京的意愿进行多项逻辑斯蒂回归分析，构建心理层面模型。心理层面的自变量包括自评社会经济地位、是否遭遇不公正待遇以及北京市民的态度等方面，回归分析结果见表 6 – 10。

表 6 – 10　心理层面模型

解释变量 – 心理层面 （N = 3259 人）	留京		离京	
	发生比 Exp（β）	sig.	发生比 Exp（β）	sig.
自评社会经济地位（以底层作为参照组）				
中下层	1.577	0.134	0.919	0.628
中上层	1.814	0.000	1.841	0.054
是否遭遇不公正待遇（以从没有遇到作为参照组）				
很少遇到	1.011	0.925	1.017	0.899
有时遇到	1.162	0.207	1.142	0.316
经常遇到	1.090	0.662	1.151	0.485
北京市民的态度（以排斥作为参照组）				
友好	1.968	0.000	0.653	0.009
一般	0.802	0.214	0.703	0.024

续表

解释变量 - 心理层面 （N = 3259 人）	留京		离京	
	发生比 Exp（β）	sig.	发生比 Exp（β）	sig.
对数似然值	271.255			
卡方值	157.139 ***			
Nagelkerke R^2	0.055			
Cox-Snell R^2	0.047			
McFadden R^2	0.025			

　　*** $p < 0.001$。

可以看出，自评社会经济地位、北京市民的态度对男性的留京意愿有显著影响，在北京务工期间是否遭遇不公正待遇对其定居城市意愿没有显著影响。具体分析如下。

（1）自评社会经济地位对男性的留京意愿有显著影响，对其离京意愿没有显著影响。自评社会经济地位越高，其留京意愿越强烈。自认为处在中下层的农民工与自认为处在底层农民工的留京意愿没有显著差异；自认为处于中上层的人的留京意愿是自认为处于底层农民工留京意愿的1.814倍。

（2）北京市民的态度对于男性留京意愿及离京意愿都有显著影响。总体上看，认为北京市民态度友好的男性倾向于留在北京，同认为北京市民态度为一般的农民工相比，前者的留京意愿是后者的近2倍。另外，认为北京市民态度为排斥及一般的男性农民工，其留京意愿没有显著差异。越认为北京市民态度为排斥的农民工越倾向于离开城市。

现在比较心理层面因素对于男性农民工、女性农民工定居意愿影响的差异。从表6-11结果可知，自评社会经济地位无论是对于男性农民工还是对于女性农民工的留京意愿都有显著影响，但对其离京意愿没有显著影响。

表 6 – 11　心理层面自变量对不同性别农民工留京意愿影响的比较分析

解释变量 – 心理层面	发生比 Exp（β）			
	留京意愿		离京意愿	
	女性	男性	女性	男性
自评社会经济地位（以底层作为参照组）			不显著	
中下层	1.749 ***	1.577		
中上层	3.866 ***	1.814 ***		
北京市民的态度（排斥作为参照组）				
友好	2.204 ***	1.968 ***	0.575 **	0.653 **
一般	0.808	0.802	0.584 **	0.703 *
是否遭遇不公正待遇	不显著		不显著	

$^{*} p < 0.05, ^{**} p < 0.01, ^{***} p < 0.001$。

自评社会经济地位对于女性和男性的留京意愿都有显著影响，但是对这两类群体的影响又有所不同。对于女性来说，从底层到中下层再到中上层，随着自评社会经济地位的提高，其留京意愿依次显著增强，即呈现线性递增趋势。但是对于男性而言，底层与中下层的人的留京意愿没有显著差异，只是那些自评社会经济地位为中上层的人的留京意愿才显著增强。可见，自评社会经济地位对于男性农民工和女性农民工的留京意愿的影响存在差异。

是否遭遇到不公正待遇、市民态度对于男性农民工和女性农民工的定居意愿有类似的影响趋势：是否遭遇到不公正待遇对于两类农民工的留京及离京意愿都没有显著影响，市民态度对于两类群体的留京及离京意愿都有显著影响。

6.6　综合模型

前文从男性农民工的个人特征、经济层面、社会层面、心理层面对于其居留意愿的影响因素进行分析。现在把四类因素作为整体纳入模型中，分析其对于男性农民工居留意愿的影响。此处在进行分析时，与女性农民工类似，只将对留京或离京具有统计显著性的因素纳入新的模型，结果见表 6 - 12。

表 6 - 12　综合模型

解释变量 （ N = 3100）	留京		离京	
	发生比 Exp （β）	sig.	发生比 Exp （β）	sig.
个人特征				
受教育程度（以初中及以下作为参照组）				
高中（含职高、中专、技校）	1.112	0.353	1.149	0.218
大专	1.486	0.004	0.938	0.685
本科及以上	1.877	0.000	1.264	0.218
婚姻状况（以未婚，无男/女朋友作为参照组）				
未婚，有男/女朋友	1.396	0.004	1.092	0.468
已婚	1.091	0.489	1.013	0.920
经济层面				
月收入 （以 100 ~ 1999 元为参照组）				
2000 ~ 3999 元	1.000	0.998	1.043	0.741
4000 ~ 5999 元	0.959	0.811	0.942	0.749
6000 ~ 7999 元	1.915	0.069	1.076	0.881
8000 元以上	0.838	0.571	1.185	0.605
是否签订劳动合同（以未签作为参照组）				
签 1 ~ 3 年合同	1.258	0.058	0.951	0.660
签 3 年以上合同	1.496	0.024	0.931	0.726
社会层面				
在京打工时间（连续变量）	1.233	0.002	1.054	0.481
朋友中北京人数量（以没有作为参照组）				
1 ~ 2 个	1.381	0.016	1.057	0.646
3 ~ 4 个	1.506	0.011	0.930	0.660
5 个及以上	2.072	0.000	0.789	0.134
社区活动参与（以不知情作为参照组）				
从不参加	0.893	0.391	0.943	0.650

续表

解释变量 （N = 3100）	留京		离京	
	发生比 Exp（β）	sig.	发生比 Exp（β）	sig.
偶尔参加	1.173	0.242	0.946	0.699
有时参加	1.526	0.004	1.037	0.821
总是参加	2.064	0.004	0.639	0.241
心理层面				
自评社会经济地位 （以底层作为参照组）				
中下层	1.094	0.055	0.894	0.541
中上层	1.258	0.495	1.604	0.175
北京市民的态度 （以排斥作为参照组）				
友好	1.308	0.138	0.718	0.058
一般	0.704	0.055	0.740	0.067
对数似然值	5335.920			
卡方值	310.696***			
Nagelkerke R^2	0.112			
Cox-Snell R^2	0.095			
McFadden R^2	0.052			

*** $p < 0.001$。

当把男性个人特征、经济层面、社会层面、心理层面四类因素全部纳入模型时，结果见表 6 - 12。整体回归模型卡方值为 310.696，对应 $p = 0.000$，表示回归模型呈显著性，自变量的解释作用显著，可以解释总变差的 11.2% （Nagelkerke R^2），表明定居意愿受到四类因素的显著影响。其中，婚姻状况、月收入、自评社会经济地位、北京市民的态度等不再对男性农民工的留京意愿有显著影响，而其余单独分析曾经起到显著作用的因素——受教育程度、是否签订劳动合同、在京打工时间、朋友中北京人数量、社区活动参与情况等因素的影响作用仍然显著。

现在比较全模型中对男性农民工及女性农民工定居意愿有显

著影响作用的因素，结果见表 6 - 13。

表 6 - 13　不同性别农民工居留意愿影响因素的比较分析

解释变量		发生比 Exp（β）			
		留京意愿		离京意愿	
		女性	男性	女性	男性
个人特征	受教育程度 高中（含职高、中专、技校） 大专 本科及以上	1.382 ** 1.521 ** 2.047 ***	1.112 1.486 ** 1.877 ***	不显著	
	家乡所在地 中部 东部	不显著		0.453 *** 0.549 ***	不显著
	婚姻状况	不显著		不显著	
经济层面	是否签订劳动合同 签 1～3 年合同 签 3 年以上合同	1.561 ** 1.788 **	1.258 * 1.496 *	不显著	
	月收入	不显著		不显著	
社会层面	在京打工时间（连续变量） 朋友中北京人数量 1～2 个 3～4 个 5 个及以上	1.219 ** 1.575 ** 2.817 *** 3.885 ***	1.233 ** 1.381 * 1.506 * 2.072 **	不显著	
	社区活动参与 不知情 偶尔参加 有时参加 总是参加	不显著	0.893 1.173 1.526 ** 2.064 **	不显著	
心理层面	自评社会经济地位 中下层 中上层	1.749 *** 3.866 ***	1.577 1.814 ***	不显著	
	北京市民的态度	不显著		0.566 ** 0.562 **	不显著
	是否遭遇不公正待遇	不显著		不显著	

　* $p < 0.05$，** $p < 0.01$，*** $p < 0.001$。

　　表 6 - 13 的数据结果表明，四个层面的自变量对于农民工是否定居城市意愿的影响作用分为以下三类。①对男性农民工及女性农民工留京有显著影响但对其离京没有显著影响作用的因素：受教育程度、是否签订劳动合同、在京打工时间、朋友中北京人数量、自评社会经济地位；②对于男性农民工及女性农民工的留京及离京影响不同的因素：家乡所在地、社区活动参与及北京市民的态度；③对男性农民工及女性农民工留京及离京都没有显著影响的因素：婚姻状况、月收入、是否遭遇不公正待遇。

　　在对男性农民工和女性农民工的留京意愿都有显著影响的因素中，有些因素的影响趋势存在性别差异。具体而言，①受教育程度对女性农民工的留京意愿的影响是线性的，但是对于男性的影响并非线性。与初中学历的农民工相比，接受高中教育、大专及本科教育的女性农民工的留京意愿越来越显著增强；对于男性而言，高中与初中受教育程度对农民工的留京意愿影响不显著，只是接受高等教育的农民工的留京意愿才显著增强。②朋友中北京人数量对于女性的影响大于对男性的影响，表明女性对于友情的注重程度要大于男性。③至于自评社会经济地位，与自评地位为底层的受访者相比，自评地位为中下层和中上层的女性的留京意愿逐渐增强，呈线性增加趋势；但是对于男性来说，自评地位为底层与中下层的男性之间的留京意愿没有差异，自评地位为中上层的男性的留京意愿显著增强。另外，是否签订劳动合同、在外打工时间对于男性及女性农民工的留京意愿的影响作用相似。

　　家乡所在地、社区活动参与及北京市民的态度对于男性农民工及女性农民工的留京及离京影响不同。①家乡所在地对男性的留京及离京意愿都没有显著影响，对女性的留京意愿没有显著影响，但对女性的离京意愿有显著影响。来自西部女性农民工的离京意愿最为强烈。②社区活动参与对于男性及女性的离京意愿没有显著影响，对女性的留京意愿没有显著影响，但对男性的留京有显著影响。同从不参加活动的男性相比，对社区活动不知情或偶尔参加的男性的留京意愿同其没有显著差异，有时参加或总是参加的农民工有更强烈的留京意愿。可见频繁参与社区活动的男性农民工的留京意愿更加强烈。③北京市民的态度对男性及女性农民工的留京没有显著影响，对于男性农民工的离京意愿没有显著影响，但对于女性农民工的离京意愿有显著影响。表明女性的心理承受力与男性不同，女性对于市民态度更加敏感，负向的市民态度对于女性的内心更容易造成伤害，使其远离大都市生活。

从表 6－13 中还可以看出，婚姻状况、月收入、是否遭遇不公正待遇无论是对于男性农民工还是对于女性农民工的留京及离京意愿都没有显著影响。这表明，经济因素已经不是影响农民工留城意愿的主要因素，这与其他学者得出的结论类似（李珍珍、陈琳，2010；尉建文、张网成，2008）。经济因素之所以不具显著性，主要原因是虽然在决定是否外出打工时，经济方面的理性考虑对于农民的决策起着重要的作用，但是当个体产生外出打工的行为之后，这一行为反过来又会影响行为主体，两者共同作用形成一个"作用力与反作用力"的关系，使得农民工不再仅从经济方面思考自己的未来，而诸如心理、文化乃至宏观层面的制度等因素则会影响农民工是否留在城市。

本章小结

城市居留意愿能够反映农民工对于城市生活的适应程度。本章对男性农民工定居城市意愿的影响因素进行分析，同时对男性农民工及女性农民工定居城市意愿的影响因素进行比较。研究发现，受教育程度、婚姻状况、是否签订劳动合同、在京打工时间、朋友中北京人数量、自评社会经济地位、是否遭遇不公正待遇对于男性农民工和女性农民工的留京意愿都有相同的影响趋势。婚姻状况、月收入、是否遭遇不公正待遇对这两类群体的留京意愿影响作用不显著。家乡所在地、社区活动参与、北京市民的态度对这两类群体的留城及离城意愿影响不同。

　　以上结果表明，要想提高男性农民工及女性农民工的城市适应性，相关组织及部门努力的侧重点应该有所不同。除了提升外来者的受教育程度之外，我们还可以在签订劳动合同、扩大外来者的朋友圈、提升其社会经济地位等方面有所加强。除此之外，创造社区活动参与的机会可以提高男性农民工的留京意愿，改善北京市民的态度可以降低女性农民工的离京意愿。

第七章　结论与讨论

中国是一个农业社会，几乎所有研究农业社会的人，尤其是那些从广泛比较视角进行研究的人都对一个事实有深刻印象，这个事实就是显著的社会不平等（伦斯基，1988：235）。中国既有非常原始的农耕社区，也有达到欧美水平的后工业化发达社区，中西部落后的农村与东部一些发达的城市形成鲜明对照。身处发展极不平衡、差异性极大社会结构中的女性，希望获得更好的就业机会以及福祉，为了追求美好生活，就像穿行的候鸟一样，远离家乡，在乡城之间流动，在地区之间流动，她们来到城市，开始异乡生活之旅。同老一代农民工相比，新生代农民工在受教育程度、发展规划、人生定位、心理预期等方面均有明显的差异。面对适应城市问题，新生代农民工表现出强烈的迫切性，他们中的大多数人不再是"谋求生存"式的流动，而是有了更多的诉求和思想。

然而，无论是刚刚来到城市的农民工，还是久居城中多年的外来农民工，无论是男性农民工还是女性农民工都不得不面对同样的问题：生活、学习、工作、应对歧视。然而，同男性农民工相比，女性农民工有更多的特征。她们的受教育程度不仅高于其父辈，而且还高于男性农民工，她们在城市实现理想和抱负的同时，在为其家庭做出重要经济贡献的过程中，遭遇与男性不同的城市适应问题。本研究基于在京农民工经济和社会调查数据，从迁移城市的原因、适应城市状况以及适应城市的结果等方面进行分析，考察在京女性农民工的城市适应性状况、其城市定居意愿及其影响因素，得出如下结论。

7.1 研究结论

7.1.1 城市适应状况

（1）经济层面。从经济层面看城市适应性，尽管新生代农民工能够找到谋生的工作与手段，但女性中有相当比例的人就职于餐饮业、批发零售业、生活服务业、商务服务业等工作简单、重复性强的非技术性行业，这些行业不仅累、苦、危险，劳动强度大，而且缺乏必要的劳动保护和假期休息，其收入远低于男性，和城市居民更是无法相比。尽管月收入可能比迁移之前有较大幅度增加，但是面对城市里的高消费，较低的收入使其消费停留在满足衣食住行的水平上，每月结余极为有限，所以这个群体在城市生活中仍属于偏下水平。因此整体上看，外来人员对工作的满意度不是很高，相比较而言，女性对自己的收入满意度高于男性，这表明农民工群体在经济层面上的适应程度并不高，但女性的情况略好于男性。

（2）社会层面。整体上看，男性农民工与女性农民工日常生活的交往局限于同乡、同事以及来自其他地区的农村人，他们在社会交往中依赖和选择同质群体以及处于初级社会关系中的人，并以此为基础和以"我"为中心来构造交往与互动的差序格局。他们的业余生活匮乏，看书、进修学习等活动较少，休闲方式停留在自我娱乐与内部消磨时光的阶段，因此，无论是休闲消费还是居住消费都奉行节约的原则。可以看出，农民工群体的社会文化适应方面仍然无法避免具有明显的封闭性、有限性。女性与男性的差异体现在，女性的当地朋友更多，朋友的异质性略高于男性，社区活动参与度低于男性，对社团组织活动、社区管理等方面的参与程度似乎也很有限，但是她们对于志愿活动的兴趣要高于男性。这表明女性农民工在社会层面适应城市社会的能力也有限。

（3）心理层面。整体上看，无论是男性农民工还是女性农民工，尽管已经在城市生活工作多年，但是他们中的绝大多数并不认为自己是城里人，依然认为自己是打工者、流动青年，自我身份认同呈现出边缘化的倾向，对城市存在一种不认同的疏离感（符平，2006：142），并将其归因为户口和住房。女性社会经济地位的自我评价更集中于中层和中下层，男性的自我评价差异性更大，认为自己属于上层和底层的男性比例比女性高。女性遇到的不公正待遇显著少于男性，这表明女性农民工在心理层面适应城市社会的能力尽管不是很强，但要好于男性。

总之，女性农民工的城市适应过程呈现出复杂性，无论是在经济层面、社会层面还是心理层面，都还无法真正适应城市生活，与城市居民存在着不小的差距。她们虽然在城市适应上有能动性的一面，但是其在城市中长期处于被边缘化的位置，依然受到城市主流社会的制度性歧视，这使得她们事实上处于结构劣势与边缘位置。尽管农民工为了适应城市社会已经做出巨大努力，但是还有许多外在的社会结构性因素是其难以跨越的。

7.1.2 居留意愿

新生代女性农民工生于20世纪80年代，成长于改革开放的年代，其生活方式与价值观同其父辈有本质的不同。她们怀揣美好的梦想来到城市打拼，希望通过自身的努力融入当地的社会。然而尽管有着"丰满的理想"，但是"骨感的现实"不得不令她们重新思考她们当初做出的迁移决定。本次调查结果表明，在京新生代女性农民工中，六成人对于自己的未来持模糊态度，1/4的人决定留京发展，一成多选择离京。对于男性而言，六成的人对于未来预期持模糊态度，不到1/4的人有留京打算，近两成的人明确表示要离开。尽管总体上看，男性农民工的定居意愿与女性有相同趋势，但卡方分析表明，男性和女性的留京意愿有差异，女性倾向于留京的比例更高，男性倾向于离京的比例更高。

7.1.3 定居城市意愿的影响因素

（1）留京意愿影响因素。以下因素影响在京男性农民工的留城意愿。受教育程度、是否签订劳动合同、在京打工时间、朋友中北京人数量、社区活动参与、自评社会经济地位6个因素对其留京意愿有显著影响。这些对男性留京有显著影响的6个因素中，社区活动参与对于女性的留京意愿没有显著影响。

（2）离京意愿影响因素。家乡所在地、北京市民的态度对于女性离京的意愿有显著影响，家乡离北京越远、越认为北京市民排斥自己的女性越倾向于返回家乡。但是这些对于男性离京没有显著影响。可见，女性农民工倾向于近距离迁移，对于迁移的空间距离更加在意，对于个体内心的感受更加敏感。

此外，月收入、婚姻状况、是否遭遇不公正待遇对于男性及女性的留京及离京意愿均没有显著影响。

7.2　提升城市适应性的对策及建议

农民工对于中国城市经济建设与发展来说是必不可少的，这一群体必然要在城市里生存，如何促进该群体尽快适应城市生活，是各级政府亟须着手解决的。户籍制度、政策法规、社会组织、农民工自身素质、城乡文化差异、社会性别分工等因素成为女性农民工顺利适应城市生活的制约因素。正如有学者分析的那样，"政策的碎步化调整与新生代农民工越来越强烈的城市化渴望和要求之间的张力；他们对城市化的向往与他们实现城市化的能力之间的张力；中央城市化政策与地方落实城市化措施之间的张力"（王春光，2001）对农民工的城市适应产生重要影响。本研究在根据调查数据分析女性农民工城市适应状况的基础上，尝试提出提升她们城市适应性的对策及建议。

7.2.1 建立健全女性维权体系

党和政府应该建立健全针对女性农民工的维权体系，建立和谐劳动关系，有效保障农民工的各项经济权益和合法权益。诸如与她们签订劳动用工合同，规定基本的工作时间，关注女性农民工的特殊生理条件，为其提供各种社会保障，如购买生育保险等，避免其从身体上和精神上受到伤害。《中华人民共和国宪法》第四十八条第一款明确指出，"中华人民共和国妇女在政治的、经济的、文化的、社会的和家庭的生活等各方面享有同男子平等的权利"。然而，中国"重男轻女""男尊女卑"的传统观念不仅在女性甚至在全体国民的观念中依然根深蒂固，并且成为一种思维定式。女性受到歧视且甘愿受到歧视的行为模式尚且存在。然而，公共政策的制定缺少对女性特有的关注，无法对女性农民工的合法权益予以有效保证，导致她们的法治意识淡薄、维权意识较低，不相信政府，即使遇到不公平待遇也甘愿默默忍受。

7.2.2 加强女性的就业指导

加强对女性农民工的就业进行有效指导。这需要政府、社会以及务工者本人等多方面共同参与并积极配合。正如2015年中央经济工作会议所指出的，"要更加注重对特定人群特殊困难的精准帮扶"，这里的特定人群应该包括女性农民工。通过前文的分析可知，尽管在京女性农民工的学历并不比男性低，甚至还高于男性，但是其收入却显著低于男性。"根据第二期中国妇女社会地位抽样调查，由单位出资培训的继续教育，无论在农村还是在城市，男性比女性所获得的机会都要多。其中农村女性受培训的比例为31.6%，比农村男性低1.5%"（李鑫，2010）。

一方面，政府需要大力开展提升女性理论素质的培训，诸如法律、职业生涯规划方面的讲座；另一方面，考虑到女性心理和生理方面的特殊性，需要对其进行必要的教育及劳动技能培训，增强其自我保健意识及职业技能素质；推行终身职业技能培训制度；实施新生代农民工职业技能提升计划。正如十八届五中全会公告所指出的，"统筹人力资源市场，打破城乡、地区、行业分割和身份、性别歧视，维护劳动者平等就业权利。加强对灵活就业、新就业形态的支持，促进劳动者自主就业"。各级地方政府应该将女性务工者的就业纳入其规划中，加大财政投入。各级妇联机关充分发挥好"娘家人"的作用，从务工者的实际需求及社会实践需要出发，不仅要为务工者开设各类职业技能培训班，并且还要引导她们积极参与学习，增强其寻找工作的市场竞争力，努力帮助其寻找合适的就业岗位。对于那些城市适应力较强、意欲寻求自我发展、独立自主的女性农民工，鼓励其自主创业，例如开设网店、微型商店，或经营快餐或服装店等。政府可以在政策及税收上给予一定的优惠或减免。

7.2.3 加大对女性农民工的帮扶力度

从前文数据的分析可知，女性农民工的打工收入要远低于男性农民工。绝大多数女性要承担大量的家务劳动，因此接触社会的时间就更加有限，这势必对其城市生活适应带来一定影响，因此需要对女性农民工进行有效帮扶。党的十八届五中全会公告指出，要建立公共服务体系，持续扩大覆盖面，增加新增就业，大幅减少贫困人口，使生态文明建设取得新进展，加快提高人民生活水平，增进人民福祉、促进人的全面发展。这就需要充分发挥各级政府、妇联和社区组织的作用，重视女性的社区活动参与状况，引导女性走出家庭，使其积极参与各类社区活动。这类活动不仅可以使外来女性更加迅速地了解城市文化，还可以促进邻里间的往来，加深城市居民与务工者之间的了解，并有助于缓和二者的矛盾，从而提高女性农民工对城市的适应。

7.2.4　婚姻择偶上提供帮助

本调查中至少有 70% 多的女性处于婚育年龄，婚姻是她们在城市里生活时需要解决的一个重要问题。如果她们能够嫁给城市人，那么她就能更快地适应城市生活。现行的随母落户政策，导致城市男不敢娶农村女，即使城市男性有心仪之农民工女友，出于现实考虑，也会打消结婚的念头。因此，为了使女性农民工尽快适应城市生活，从择偶上为其提供帮助是迫在眉睫之事。一方面，在有较多流动人口聚集的社区，可以组织一些轻松愉悦的社区活动，增加男女流动青年的交流和接触的机会，为其择偶提供尽可能多的帮助。另一方面，陈旧而僵化的户籍制度亟待改革，改革子女随母落户政策以及阻碍劳动力自由流动的制度法规，"要落实户籍制度改革方案，允许农业转移人口等非户籍人口在就业地落户"（2015 年中央经济工作会议）。"要把解决符合条件的农业转移人口逐步在城镇就业和落户作为推进城镇化的重要任务"（"十二五"规划）。另外，明确住房制度改革方向，以满足新市民住房需求为主要出发点，以建立购租并举的住房制度为主要方向，把公租房扩大到非户籍人口，使农村居民也可以在城市购买房产。发展住房租赁市场，鼓励自然人和各类机构投资者购买库存商品房（2015 年中央经济工作会议），这些政策也会有助于女性农民工实现如意的婚姻。

7.2.5　关注女性心理健康

同男性农民工不同，女性农民工更易受到外在因素的影响，为了帮助女性农民工更好更快地适应城市生活，也应该关注她们的心理健康。各级政府、城市妇联和社区管理部门首先要重视女性务工人员的心理健康，设立心理健康门诊或心理咨询讲座，加大财政投入，建立针对外来务工人员的心理咨询服务部门。另外，在社区建立"女性农民工联谊会"或"女性之家"的活动场所，让其在工作之余，除了家庭之外也有自己的活动领域和空间，使其能够抒发心理情感，解决心理问题。

7.3　本研究的不足之处

社会适应既是一个复杂过程，又是一个多维状态，一项具体研究往往难以涵盖其全部内涵（风笑天，2005）。本书只是对新生代女性农民工的社会适应性做一个初步探讨，存在下列局限性和不足之处。

首先，由于主观及客观条件的限制，本书只是从微观层面对在京女性农民工的城市适应性及其留城意愿进行分析，而其他诸如包括家庭、土地等方面的制度、政策因素也会影响农民工的城市适应及其定居意愿，而本调查缺少这些方面的数据，因此可能无法全面分析农民工留城意愿的影响因素。关于宏观层面农民工留城意愿的影响因素，则有待今后进一步的调查分析。

其次，国内许多的定量研究都是针对男性农民工进行的，女性农民工和男性农民工常常被加以合并形成一个以男性居多的外来群体（Kenneth Roberts，2002：493），针对女性移民进行的研究及数据分析结果很有限。另外，国内其他学者的相关研究是在不同时间点、针对不同地区的外来者进行的，其研究目的以及研究题项与本书调查有较大不同，因此笔者将本书数据同其他学者的数据结果进行对比分析时，无法找到完全匹配的数据，因此比较结果可能会有失偏颇，还有待今后进一步验证。

再次，本书只是基于调查数据进行分析，"在中国做社会调查的最大难题就是频频遇到中国人相互冲突的'心理二重区域'现象，即俗话说的'说假话'问题"（李强，2001，载边燕杰等，2001：81），缺少对当事人的事后访谈，所以无法真正了解女性农民工在京生活适应性的真实情况，无法了解她们的城市生活。如果能够在分析数据的同时，并结合部分当事人的访谈对话进行研究，则会使本书所讨论的内容更加深入，研究结论更具说服力。

最后，社会适应性的测量指标还不够全面。无论是本调查还是国内其他学者的相关研究，心理适应层面涉及的测量指标较少，而这又是测量外来者城市适应的重要方面。"至今却鲜有来自心理学及社会学领域关注女性农民工个人情感体验方面的研究报道"（向华丽，2013）。这也是今后的研究需要加强的地方。

总之，此次调查仅是基于一个时间点进行的，而农民工的留城意愿却是处于动态变化过程中的，因此对于他们的决策影响因素应采取辩证的态度和发展的眼光来看待。

7.4　未来研究方向

我国学界针对女性农民工的研究起步不算太晚。尽管关于中国人口流动的文献越来越多，但建立在性别差异基础上的专门研究还比较缺乏（魏开琼，2011：7），许多研究领域仍处于早期阶段（Liang & Chen，2004：425）。针对农村女性劳动力的研究仍主要停留在定性描述与个案分析等层面，相关研究缺乏深入而广泛的社会调查，其表现是调查的样本量较少且调查范围较小，由此也直接影响了定量分析的代表性与准确性（向华丽，2013）。

上文提及的关于本书的局限性正是今后移民研究、女性移民研究的方向，今后的研究应该重视从女性的视角分析迁移的原因与结果，关注移民过程中的女性，不仅仅要根据定量数据对性别与移民进行分析研究，也应该注重利用定性分析方法来理解性别与移民的动力机制。

宇宙浩瀚，星光灿烂。外来务工人员与城市居民共同生活在北京城里，他们应该是守望相助、同舟共济、共同发展的。生活总是充满希望的，无论是外来人员还是本地居民都应该在实现各自梦想的过程中相互理解、相互帮助，使大家共同过上更加幸福的生活。习总书记在新年祝词中以从未有过的凝练与通达传递了

2014 年的 "中国梦"。每个人都有自己的梦想,外来务工朋友怀揣着美好的梦想来到北京,来到首都,其对家庭、自己的责任感与使命感就是其行动的动力。这种梦想体现在每个外来者身上的价值实现过程。其 "向往之" 的幸福美好生活就在脚下土地中的每一个缝隙里,其渴望凝视的东西就在汗水里,其意欲追寻的梦想就在不经意的回眸里。让我们共同祝愿外来务工朋友的朴实中国梦——合理并幸福地追寻更有保障的工作、更安全的城市生活,早日在北京城、在中华大地实现;让农民工朋友早日感受到城市的人文关怀,让他们不再有 "美丽的煎熬",而是 "在路上"。

参考文献

R. E. 帕克、E. N. 伯吉斯、R. D. 麦肯齐，1987，《城市社会学》，宋俊岭、吴建华、王登斌译，华夏出版社。

R. 巴比、D. 伯恩，《社会心理学》，华东师范大学出版社，2004。

《全国农民工监测调查报告》，2012，国家统计局（http://www.stats.gov.cn/tjsj/zxfb/201305/t20130527_12978.html）。

安东尼·吉登斯，2003，《社会学》，北京大学出版社。

白南生、宋宏远等，2002，《回乡，还是进城》，中国财政经济出版社。

彼得·布劳，1991，《不平等和异质性》，中国社会科学出版社。

边燕杰、苏耀昌等主编，2001，《华人社会的调查研究方法与发现》，香港牛津大学出版社。

蔡昉，2001，《劳动力迁移的两个过程及其制度障碍》，《社会学研究》第 4 期。

蔡昉、都阳、王美艳，2005，《中国劳动力市场转型与发育》，商务印书馆。

蔡昉、费思兰，2001，《中国流动人口状况概述》，见蔡昉主编《中国人口流动方式与途径》，社会科学文献出版社。

蔡禾、王进，2007，《"农民工"永久迁移意愿研究》，《社会学研究》第 6 期。

蔡玲、徐楚桥，2009，《农民工留城意愿影响因素分析——基于武汉市的实证调查》，《中国农业大学学报》（社会科学版）第 1 期。

曹子玮，2003，《农民工的再建构社会网与网内资源流向》，《社会学研究》第 3 期。

曹宗一，2010，《困境与出路：新生代农民工市民化问题研究》，福建师范大学学位论文。

陈建文、黄希庭，2004，《中学生社会适应性的理论构建及量表编制》，《心理科学》第 1 期。

陈建文、王滔，2003，《关于社会适应的心理机制、结构与功能》，《湖南师范大学教育科学学报》第 2 卷第 4 期。

陈建文、王滔，2004，《社会适应与心理健康》，《西南师范大学学报》（人文社会科学版）第 3 期。

陈荞，2011，《全总报告称新生代农民工收入偏低，职业安全隐患多》，京华时报，2011 年 2 月 21 日（http://news. qq. com/a/20110221/000025. htm）。

陈斯、王岗等，《北京常住人口 2114.8 万人》，《法制晚报》2014 年 1 月 23 日。

程名望、史清华，2006，《农民工进城务工性别差异的实证分析》，《经济社会体制比较》第 4 期。

程瑜，2006，《白村生活——广东三峡移民适应性的人类学研究》，民族出版社。

崔岩，2012，《流动人口心理层面的社会融入和身份认同问题研究》，《社会学研究》第 5 期。

戴荣珍，2003，《论城市化进程中农民工再社会化》，《福建论坛·社科教育版》第 8 期。

戴维·格伦斯基，2006，《社会分层》，华夏出版社。

邓秀华，2010，《"新生代"农民工的政治参与问题研究》，《华南师范大学学报》（社会科学版）第 1 期。

董延芳、刘传江、胡铭，2011，《新生代农民工市民化与城镇化发展》,《人口研究》第 1 期。

杜鹏、李一男、王澎湖、林伟,2008,《城市"外来蓝领"的就业与社会融合》,《人口学刊》第 1 期。

杜平,2006,《农村女性流动人口就业的社会性别分析——以天津市农村流动人口调查为基础》,南开大学硕士论文。

段成荣,2003,《论流动人口的社会适应——兼谈北京市流动人口问题》,《云南大学学报》(社会科学版)第 3 期。

段成荣、张斐、卢雪和,2009,《中国女性流动人口状况研究》,《妇女研究论丛》第 4 期。

段志刚、熊萍,2010,《农民工留城意愿影响因素分析——基于我国七省市的实证研究》,《西部论坛》第 5 期。

恩格斯,1972,《家庭、私有制和国家的起源》,《马克思恩格斯选集》第 4 卷,人民出版社。

范晓光,2008,《青年农民工的社会适应》,《当代青年研究》第 4 期。

费孝通,1998,《乡土中国与生育制度》,北京大学出版社。

风笑天,2005,《中国第一代城市独生子女的社会适应》,《教育研究》第 10 期。

冯宪,2005,《农民工留城定居的影响因素分析》,《现代经济探讨》第 12 期。

符平,2006,《青年农民工的城市适应:实践社会研究的发现》,《社会》第 2 期。

高丙中,1998,《西方生活方式研究的理论发展叙略》,《社会学研究》第 3 期。

谷中原、余成普,2005,《山区农民闲暇生活方式的实证研究》,《中南大学学报》(社会科学版)第 1 期。

郭科、苏晓君,2014,《阶层固化:新生代农民工的身份认同——基于河南省四城市的调查分析》,《四川民族学院学报》第 3 期。

郭万妮、赵建利，2011，《关于非正规就业女性农民工社会保护的研究述评》，《劳动保障世界》第 4 期。

郭星华、姜华，2009，《农民工城市适应研究的几种理论视角》，《探索与争鸣》第 1 期。

国家统计局，2015 年 2 月，《中华人民共和国 2014 年国民经济和社会发展统计公报》，http://www.stats.gov.cn/tjsj/zxfb/201502/t20150226_685799.html。

何雪松，2004，《新移民妇女的网络建构——移居香港第一年的纵贯质性研究》，《妇女研究论丛》第 6 期。

贺水金，2009，《大都市女性流动人口特征与结构解析——以上海市浦东新区实证研究为例》，《上海经济研究》第 8 期。

侯红娅、杨晶、李子奈，2004，《中国农村劳动力迁移意愿实证分析》，《经济问题》第 7 期。

胡玉萍，2007，《留京，还是回乡——北京市流动人口迁移意愿实证分析》，《北京社会科学》第 5 期。

扈海丽，1997，《苏南地区外来女性劳动力状况调查》，《妇女研究论丛》第 4 期。

黄乾，2008，《农民工定居城市意愿的影响因素——基于五城市调查的实证分析》，《山西财经大学学报》第 4 期。

黄庆玲，2013，《新生代农民工定居去向探析——以辽宁省 5 市（县）的调查为例》，《中国青年研究》第 5 期。

黄庆玲，2014，《新生代农民工城市定居意愿研究——基于辽宁的调查》，沈阳农业大学博士学位论文。

黄祖辉、毛迎春，2004，《浙江农民市民化——农村居民进城决策及进城农民境况研究》，《浙江社会科学》第 1 期。

纪韶、朱志胜，2014，《基于北京案例的产业结构变迁与劳动力流动关系研究》，《经济管理研究》第 1 期。

贾云竹、马冬玲，2015，《性别观念变迁的多视角考量：以"男主外，女主内"为例》，《妇女研究论丛》第 3 期。

江立华，2003，《城市性与农民工的城市适应》，《社会科学研究》第 5 期。

姜山，戚晓明等，2008，《改革开放以来对女性农民工研究的理论综述》，《农村经济与科技》第 12 期。

姜山、戚晓明、李晓静、任秀杰，2008，《改革开放以来对女性农民工研究的理论综述》，《农村经济与科技》第 12 期。

蒋静，2003，《社会支持链接：一个打工妹和城市社会的互动分析》，《妇女研究论丛》第 2 期。

蒋俊，2012，《上海市外来常住女性社会融入研究》，复旦大学硕士研究生学位论文。

金萍，2010，《新生代农民工城市融入现状分析及对策研究——基于对武汉市两代农民工的调查》，《学习与实践》第 4 期。

金耀基，1999，《从传统到现代》，中国人民大学出版社。

景天魁，1999，《中国社会发展的时空结构》，《社会学研究》第 6 期。

景晓芬、马凤鸣，2012，《生命历程视角下农民工留城与返乡意愿研究》，《人口与经济》第 3 期。

康少邦、张宁等，1986，《城市社会学》，浙江人民出版社。

柯兰君、李汉林，2001，《都市里的村民——中国大城市的流动人口》，中央编译出版社。

寇学军，2004，《上海市民工对城市社会适应状况的调查》，《社会》第 4 期。

李春玲，2003，《文化水平如何影响人们的经济收入》，《社会学研究》第 3 期。

李春玲、吕鹏，2008，《社会分层理论》，中国社会科学出版社。

李静，1996，《中国的移民与同化》，《中国社会科学季刊》（香港）总第 16 期。

李路路，2003，《向城市移民：一个不可逆转的过程》，载李培林主编《农民工》，社会科学文献出版社。

李旻、赵连阁、谭洪波，2008，《农村女性劳动力非农就业影响因素——基于辽宁省的实证分析》，《中国农村经济》第 12 期。

李明欢，2000，《20 世纪西方国际移民理论》，《厦门大学学报》（哲学社会科学版）第 4 期。

李明欢，2007，《女性在国际人口迁移中的地位、作用与影响——〈通向希望之路：妇女与国际移民〉评介》，《国外社会科学》第 4 期。

李楠，2010，《农村外出劳动力留城与返乡意愿影响因素分析》，《中国人口科学》第 6 期。

李培林，1996，《流动民工的社会网络和社会地位》，《社会学研究》第 4 期。

李培林，2003，《农民工：中国进城农民工的经济社会分析》，社会科学文献出版社。

李培林、李炜，2010，《近年来农民工的经济状况和社会态度》，《中国社会科学》第 1 期。

李强，1993，《当代中国社会分层与流动》，中国经济出版社。

李强，2003，《影响中国城乡流动人口的推力与拉力因素分析》，《中国社会科学》第 1 期。

李强，2000，《我国城市农民工劳动力市场》，《大连民族学院学报》第 3 期。

李强，2004，《农民工与中国社会分层》，社会科学文献出版社。

李强，2009，《城市化进程中的重大社会问题及其对策研究》，经济科学出版社。

李强，2011，《中国城市化进程中的"半融入"与"不融入"》，《河北学刊》第 5 期。

李强、龙文进，2009，《农民工留城与返乡意愿的影响因素分析》，《中国农村经济》第 2 期。

李树茁，1993，《八十年代中国人口迁移的性别差异研究》，

《人口学刊》第 5 期。

李树苗、任义科、靳小怡、费尔德曼，2008，《中国农民工的社会融合及其影响因素研究——基于社会支持网络的分析》，《人口与经济》第 2 期。

李伟东，2007，《从社会距离看农民工的社会融入》，《北京社会科学》第 6 期。

李鑫，2010，《女性农民工歧视问题研究》，《商业文化》第 4 期。

李珍珍、陈琳，2010，《农民工留城意愿影响因素的实证分析》，《南方经济》第 5 期。

联合国秘书长报告，2006，《国际移徙与发展》，http://www.un.org/chinese/focus/migration/ 103. htm。

廉思，2009，《蚁族：大学毕业生聚居村实录》，广西师范大学出版社。

林崇德、杨治良、黄希庭，2003，《心理学大辞典（下）》，上海教育出版社。

林红，2004，《试析性别理论的核心思想及其学术价值——从性别概念的形成谈起》，《福建论坛》（人文社会科学版）第 1 期。

林青，2009，《打工妹的城市适应研究》，苏州大学硕士学位论文。

刘传江、程建林，2007，《我国农民工的代际差异与市民化》，《经济纵横》第 4 期。

刘传江、徐建玲，2006，《"民工潮"与"民工荒"——农民工劳动供给行为视角的经济学分析》，《财经问题研究》第 5 期。

刘传江、周玲，2003，《城市社区治理结构转型与边缘性群体的计划生育管理》，《人口与经济》第 6 期。

刘奉越，2012，《基于新生代农民工城市适应主体性障碍的质变学习》，《现代远程教育研究》第 6 期。

刘鸿谕，2013，《80 后女性农民工城市适应性研究》，贵州财经大学硕士学位论文。

刘建娥，2010，《从欧盟社会融入政策视角看我国农民工的城市融入问题》，《城市发展研究》第 11 期。

刘立新，2001，《个体社会适应性评价问题的理论探讨》，《现代教育论丛》第 4 期。

刘茜、杜海峰、靳小怡、崔烨，2013，《留下还是离开——政治社会资本对农民工留城意愿的影响研究》，《社会》第 4 期。

刘伟，2009，《"社会性别"——社会学"他者"的研究视角》，《南方论刊》第 3 期。

刘于琪、李志刚、刘晔，2014，《中国城市新移民的定居意愿及其影响机制》，《地理科学》第 7 期。

卢向虎，2005，《中国农村劳动力短期流动现象的一个理论解释——基于托达罗城乡迁移经济行为模型的修正》，2005 中国制度经济学年会精选论文（第二部分）。

陆芳萍，2005，《上海市女性劳动力移民的社会适应过程研究》，华东师范大学硕士学位论文。

陆康强，2010，《特大城市外来农民工的生存状态与融入倾向——基于上海抽样调查的观察和分析》，《财经研究》第 5 期。

陆淑珍，2012，《城市外来人口社会融合研究》，中山大学博士学位论文。

陆淑珍、魏万青，2011，《城市外来人口社会融合的结构方程模型——基于珠三角地区的调查》，《人口与经济》第 5 期。

陆学艺，2004，《当代中国社会流动》，社会科学文献出版社。

吕红平，2004，《农民工中的女性群体更需要社会关注》，《郑州大学学报》（哲学社会科学版）第 1 期。

伦斯基，1988，《权力与特权、社会分层的理论》，浙江人民出版社。

罗伯特·普特南，《使民主运转起来》，王列、赖海榕译，江西人民出版社，2001。

马冬玲，2009，《流动女性的身份认同研究综述》，《浙江学刊》第 5 期。

马凤鸣，2012，《农民工城市社会适应的影响因素——基于重庆和珠三角的比较研究》，《西南大学学报》（社会科学版）第 2 期。

马九杰、孟凡友，2003，《农民工迁移非持久性的影响因素分析——基于深圳市的实证研究》，《改革》第 4 期。

马戎编，1997，《西方民族社会学的理论与方法》，天津人民出版社。

〔美〕玛格丽特·波洛玛，1989，孙立平译，《当代社会学理论》，华夏出版社。

孟庆洁，2007，《上海市外来流动人口的生活方式研究》，华东师范大学博士学位论文。

孟霞，2010，《留学女研究生社会适应研究》，武汉大学博士学位论文。

欧阳静，2011，《深圳市女性流动人口社会融合研究》，河北大学硕士学位论文。

潘一禾，2005，《社会和谐与中国青少年的复合公民身份认同》，《中国青年研究》第 11 期。

潘一禾，2006，《社会和谐与中国青少年的复合公民身份认同》，《中国青年研究》第 11 期。

潘毅，2011《中国女工》，九州出版社。

潘泽泉，2004，《中国城市流动人口的发展困境与社会风险》，《战略与管理》第 1 期。

裴谕新，1999，《"去"还是"留"——青年农民工调查分析》，《青年探索》第 4 期。

彭华明，2005，社会排斥与社会融合——一个欧盟社会政策的分析路径，《南开学报》第 1 期。

戚迪明、张广胜，2012，《农民工流动与城市定居意愿分析基于沈阳市农民工的调查》,《农业技术经济》第 4 期。

钱伟,2006,《城市化进程中农村妇女的迁移行为与意愿研究》,浙江大学硕士学位论文。

钱文荣、方辉东、王心良,2009,《长江三角洲 16 城市农民工适应性研究》,《甘肃社会科学》第 3 期。

乔纳森·特纳,1988,《现代西方社会学理论》,天津人民出版社。

秦洁,2013,《"忍"与农民工身份认同研究——基于对重庆"棒棒"城市生活心态的深度访谈》,《开放时代》第 3 期。

青连斌,1990,《城市生活方式》,江西人民出版社。

渠敬东,2001,《生活世界中的关系强度——农村外来人口的生活轨迹》,载柯兰君等,《都市里的村民:中国大城市的流动人》,中央编译出版社。

任秀杰、李晓静、薄其林、吕思颖,2009,《新生代女性农民工的社区融入研究》,《农村经济与科技》第 8 期。

任远,2008,《谁在城市中逐步沉淀了下来?——对城市流动人口个人特征及居留模式的分析》,《吉林大学社会科学学报》第 4 期。

任远、乔楠,2010,《城市流动人口社会融合的过程、测量及影响因素》,《人口研究》第 2 期。

任远、邬民乐,2006,《城市流动人口的社会融合:文献评述》,《人口研究》第 3 期。

邵岑、张翼,2012,《"八零前"与"八零后"流动人口家庭迁移行为比较研究》,《青年研究》第 4 期。

沈文捷、风笑天,2013,《城里的农村媳妇:农村女性婚姻移民的城市适应》,《湖南师范大学社会科学学报》第 2 期。

沈奕斐,2007,《社会性别视角下的中国社会分层理论》,中国社会学年会"社会建设与女性发展"论坛论文集。

沈渝,2010,《城市融入中的社会性别研究》,《统计与决策》

第 16 期。

沈之菲，2007，《更多的接纳 更好的融合——外来民工子女在上海城市的融合问题研究》，《上海教育科研》第 11 期。

石长慧，2012，《文化适应与社会排斥》，《青年研究》第 4 期。

斯科特，2007，《弱者的武器》，凤凰出版传媒集团。

宋林飞，1995，《"民工潮"的形成、趋势与对策》，《中国社会科学》第 4 期。

宋瑜，2008，《农村女性劳动力流动及影响因素研究》，浙江大学博士学位论文。

苏红、许小玲，2005，《三峡移民的社会适应策略》，《思想战线》第 1 期。

苏群、刘华，2003，《农村女性劳动力流动的实证研究》，《农业经济问题》第 4 期。

苏群、周春芳，2005，《农村女性在城镇的非农就业及迁居意愿分析》，《农业经济问题》第 5 期。

孙朝阳，2009，《青年女性农民工城市融入的主动策略》，《安徽农业科学》第 18 期。

孙立平，2001，《"关于农民工问题的几点基本看法"》，清华大学当代中国研究中心编印《农民工研究选编》6 月。

孙立平，2004，《转型与断裂——改革以来中国社会结构的变迁》，清华大学出版社。

谭深，1997，《农村劳动力流动的性别差异》，《社会学研究》第 1 期。

谭深，2003，《农民工流动研究综述（英文）》，《中国社会科学（英文版）》第 4 期。

田凯，1995，《关于农民工的城市适应性的调查分析与思考》，《社会科学研究》第 5 期。

涂敏霞，2012，《从"生存"到"发展"——广东新生代农民工的利益诉求》,《中国青年研究》第 8 期。

王春光,2001,《新生代农村流动人口的社会认同与城乡融合的关系》,《社会学研究》第 3 期。

王春光,2006,《农村流动人口的半城市化问题研究》,《社会学研究》第 5 期。

王春光,2011,《中国社会政策调整与农民工城市融入》,《探索与争鸣》第 5 期。

王东平,2010,《城市化进程中农村女性劳动力流动转移问题研究》,河北农业大学博士学位论文。

王东平,2011,《流动还是留守——城市化进程中农村女性劳动力流转问题研究》,中国社会科学出版社。

王枫,2004,《多数上海女大学生对"男主外女主内"说不》,千龙网,2004 年 7 月 13 日,http://edu.163.com/edu2004/editor_2004/school/040713/040713_146228.html。

王桂新、陈冠春、魏星,2010,《城市农民工市民化意愿影响因素考察——以上海为例》,《人口与发展》第 2 期。

王桂新、黄颖钰,2005,《中国省际人口迁移与东部地带的经济发展:1995-2000》,《人口研究》第 1 期。

王桂新、罗恩立,2007,《上海市外来农民工社会融合现状调查研究》,《华东理工大学学报》(社会科学版)第 3 期。

王俊恒,2012,《农民工城市适应问题及社会工作介入研究》,《江淮论坛》第 6 期。

王康,1988,《社会学词典》,山东人民出版社。

王晓焰,2005,《社会性别理论与 18—19 世纪英国妇女的社会地位》,《四川师范大学学报》(社会科学版)第 6 期。

王艳华,2007,《新生代农民工市民化的社会学分析》,《中国青年研究》第 5 期。

王毅杰,2005,《流动农民留城定居意愿影响因素分析》,《江苏社会科学》第 5 期。

王毅杰，2005，《流动农民留城定居意愿影响因素分析》，《江苏社会科学》第5期。

王章辉、黄柯可，1999，《欧美农村劳动力的转移与城市化》，社会科学文献出版社。

王峥，2008，《山东制造业青年农民工生存状况的性别差异研究》，《山东省团校学报：青少年研究》第2期。

王宗萍、段成荣，2010，《第二代农民工特征分析》，《人口研究》第2期。

尉建文、张网成，2008，《农民工留城意愿及影响因素——以北京市为例》，《北京工业大学学报》（社会科学版）第2期。

魏开琼，2011，《经验：女性主义理论的重要概念》，《河北学刊》第2期。

文军，2001，《从生存理性到社会理性选择——当代中国农民外出就业动因的社会学分析》，《社会学研究》第6期。

文军，2004，《农民市民化：从农民到市民的角色转型》，《华东师范大学学报》（哲学社会科学版），第3期。

文军，2005，《论我国城市劳动力新移民的系统构成及其行为选择》，《南京社会科学》第1期。

吴小英，2002，《"他者"的经验和价值——西方女性主义社会学的尝试》，《中国社会科学》第6期。

吴小英，2003，《当知识遭遇性别——女性主义方法论之争》，《社会学研究》第1期。

吴小英，2005，《女性主义的知识范式》，《国外社会科学》第3期。

吴小英，《社会学中的性别研究综述》，李培林主编《中国社会学年鉴，2003－2006》，社会科学文献出版社。

吴兴陆、亓名杰，2005，《农民工迁移决策的社会文化影响因素探析》，《中国农村经济》第1期。

伍慧铃、陆福兴，2007，《女性农民工城市生存边缘化及其防范》,《中共济南市委党校学报》第1期。

夏静雷、张娟,2013,《探析"农民工"称谓及其科学内涵》,《当代青年研究》第6期。

夏怡然,2010,《农民工定居地选择意愿及其影响因素分析——基于温州的调查》,《中国农村经济》第3期。

向德平,2002,《城市社会学》,武汉大学出版社。

向华丽,2013,《女性农民工的社会融入现状及其影响因素分析——基于湖北3市的调查》,《中国人口资源与环境》第1期。

谢建社,2006,《农民工分层:中国城市化思考》,《广州大学学报》(社会科学版)第10期。

熊波、石人炳,2007,《农民工定居城市意愿影响因素——基于武汉市的实证分析》,《南方人口》第2期。

熊波、石人炳,2009,《理性选择与农民工永久性迁移意愿》,《人口与经济》第4期。

徐丹,2008,《新生代农民工阶层心理状况的社会性归因分析》,《商情》第7期。

徐越,2012,《女性农民工的城市融入》,山西师范大学硕士学位论文。

徐志旻,2004,《进城农民工家庭的城市适应性》,《福州大学学报》(哲学社会科学版)第1期。

许传新,2007a,《新生代农民工的身份认同及影响因素分析》,《学术探索》第3期。

许传新,2007b,《落地未生根——新生代农民工城市社会适应研究》,《南方人口》第4期。

许传新、许若兰,2007c,《新生代农民工与城市居民社会距离实证研究》,《人口与经济》第5期。

许英,2002,《城市社会学》,齐鲁书社。

续田曾,2010,《农民工定居性迁移的意愿分析——基于北京地区的实证研究》,《经济科学》第3期。

阎云翔，2000，《礼物的流动》，上海人民出版社。

杨聪敏，2012，《留下还是继续流动：农民工留浙意愿探讨——基于浙江宁波的实证考察》，《中共福建省委党校学报》第8期。

杨晖、江波，2009，《加强西安市农民工社会融合的对策研究》，《西北大学学报》（哲学社会科学版）第6期。

杨菊华，2009，《从隔离、选择融入到融合：流动人口社会融入问题的理论思考》，《人口研究》第1期。

杨黎源，2006，《外来人群的社会融合探讨——基于对宁波社会调查的分析》，中国社会学网（http：//www. sociology. cass. net. cnPshxwPshldPP020061120233280629394. pdf）。

杨美惠，2012，《礼物、关系学与国家》，江苏人民出版社。

杨善华，1999，《当代西方社会学理论》，北京大学出版社。

杨善华，2004，《理解普通妇女与她们的生活世界——兼谈女性研究的方法论问题》，《光明日报》11月23日第4版。

杨绪松、靳小怡、肖群鹰、白萌，2006，《农民工社会支持与城市融合的现状及政策研究——以深圳市为例》，《中国软科学》第12期。

杨云彦，2001，《人口迁移与劳动力流动的女性主义分析框架》，《中南财经大学学报》第6期。

姚华松、许学强、薛德升，2008，《广州流动人口特征及空间差异分析》，《热带地理》第5期。

叶鹏飞，2011，《农民工的城市定居意愿研究基于七省（区）调查数据的实证分析》，《社会》第2期。

余晓敏、潘毅，2008，《消费社会与新生代打工妹主体性再造》，《社会学研究》，第3期。

曾守锤、李其维，2007，《流动儿童社会适应的研究：现状、问题及解决办法》，《心理科学》第6期。

曾旭辉，2004，《非正式劳动力市场人力资本研究以城都市进城农民工为个案》，《中国农村经济》第3期。

翟学伟，2003，《社会流动与关系信任——也论关系强度与农民工的求职策略》，《社会学研究》第 1 期。

翟学伟，2008，《人情、面子与权力的再生产》，北京大学出版社。

翟振武、段成荣、毕秋灵，2007，《北京市流动人口的最新状况与分析》，《人口研究》第 2 期。

张春龙、聂玉梅，2001，《"农民"向"市民"的转化——城市化过程中进城农村人口的再社会化》，《城乡建设》第 8 期。

张凤华、曾一帆，2007，《社会性别理论视野中的女农民工劳动权益侵害及其应对》，《社会主义研究》第 5 期。

张海波、童星，2006a，《被动城市化群体城市适应性与现代性获得中的自我认同》，《社会学研究》第 2 期。

——，2006b，《我国城市化进程中失地农民的社会适应》，《社会科学研究》第 1 期。

张丽艳、陈余停，2012，《新生代农民工市民化意愿的影响因素分析——基于广东省三市的调查》，《西北人口》第 4 期。

张汝立，2002，《体制性吸纳与体制性排斥》，北京大学社会学系博士学位论文。

张善余、俞路、彭际作，2005，《当代中国女性人口迁移的发展及其结构特征》，《市场与人口分析》第 2 期。

张胜国，2007，《农民工市民化的城市融入机制研究》，《江西财经大学学报》第 2 期。

张文宏、雷开春，2008，《城市新移民社会融合的结构、现状与影响因素分析》，《社会学研究》第 5 期。

张肖敏，2006，《流动人口的城市融入——昆山市玉山镇调查》，南京大学博士学位论文。

张翼，2011，《农民工"进城落户"意愿与中国近期城镇化道路的选择》，《中国人口科学》第 2 期。

章铮，2006，《进城定居还是回乡发展》，《中国农村经济》第

7 期。

赵君丽，2002，《人口迁移的性别选择性与女性移民问题》，《南京人口管理干部学院学报》第 4 期。

赵丽丽，2008a，《城市女性婚姻移民的社会适应研究——以上海市外来媳妇为例》，《江西师范大学学报》（哲学社会科学版）第 2 期。

——，2008b，《城市女性婚姻移民的社会适应和社会支持研究》，上海大学博士学位论文。

赵延东、王奋宇，2002，《城乡流动人口的经济地位获得及决定因素》，《中国人口科学》第 4 期。

郑杭生，1987，《社会学概论新编》，中国人民大学出版社。

郑杭生、李路路，2004，《当代中国城市社会结构现状与趋势》，中国人民大学出版社。

郑群明、贺小荣、陈耿，2004，《农村居民闲暇生活特征研究——以湖南省为例》，《人文地理》第 1 期。

郑真真，2002，《外出经历对农村妇女初婚年龄的影响》，《中国人口科学》第 2 期。

郑梓桢、刘凤至、马凯，2011，《新生代外来务工人员城市适应性：个人因素与制度因素的比较——基于中山市的实证研究》，《人口研究》第 3 期。

中华人民共和国国家统计局编，2007，《国家统计年鉴》。

周海旺，2001，《上海市外来媳妇及其子女的户口政策研究》，《中国人口科学》第 3 期。

周敏，1995，《唐人街——深具社会经济潜质的华人社区》，商务印书馆。

周明宝，2004，《城市滞留型青年农民工的文化适应与文化认同》，《社会》第 5 期。

周莹洁，2008，《社会性别视角下的外来打工女性的城市适应研究》，南京师范大学硕士学位论文。

周玉，2006，《教育与农村女性代际流动》，《福建论坛·人文社会科学版》第 11 期。

朱虹，2005，《打工妹的城市社会化》，《南京大学学报》第 6 期。

朱虹，2008，《社会，身体资本与打工妹的城市适应》第 6 期。

朱考金，2003，《城市农民工的心态与观念——以南京 600 例样本的频数分布为例》，《社会》第 9 期。

朱力，2002，《论农民工阶层的城市适应》，《江海学刊》第 6 期。

朱宇，2004 a，《户籍制度改革与流动人口在流入地的居留意愿及其制约机制》，《南方人口》第 3 期。

——，2004 b，《国外对非永久性迁移的研究及其对我国流动人口问题的启示》，《人口研究》第 3 期。

Babiker, I. E., Cox, J. L., Miller, McG. P., (1980), "The Measurement of Cultural Distance and its Relationship to Medical Consultations, Symptomatology and Examination Performance of Overseas Students at Edinburgh University", *Social Psychiatry*, Vol. 15.

Beiser, M., Barwick C., Berry, J. W., (1988), "After the Door has been Opened-mental Health Issues Affecting Immigrants and Refugees in Canada", Report of the Canadian Task Force on Mental Health Issues Affecting Immigrants and Refugees.

Beiser, M. . Barwick, C., Berry, J. W., da Costa. G., Fantino, A., Ganesan. S., Lee. C., Milne, W., Naidoo. J., Prince, R., Tousignant. M., & Vela, E., (1988), *Menial Health Issues Affecting Immigrants and Refugees*, Ottawa: Health and Welfare Canada.

Berry, J. W., (2003), "Conceptual Approaches to Acculturation", In Chun, K., Balls-Organista, P. & Marin, G. (Eds.) Acculturation: Advances in Theory, Measurement and Applied Research

(pp. 17 – 37). Washington, DC: APA Press.

Berry, J. W. and Kim. U. , (1988), "Acculturation and Mental health", in Dasen, P. , Berry, J. W. and Sartorius, N. (Eds.) *Health and Cross-cultural Psychology*, Sage, London.

Berry, J. W. , (1992), "Acculturation and Adaptation in a New Society", *International Migration*, Volume 30.

Berry, J. W. , Phinney, J. S. , Sam, D. L. , Vedder, P. , (2006), "Immigrant Youth: Acculturation, Identity, and Adaptation", *Applied Psychology: An International Review*, 55 (3), 303 – 332.

Berry, J. W. , (1997), "Immigration, 1997, Acculturation, and Adaptation", *Applied Psychology: An International Review*, 46 (1).

Bonifacio, G. , (2012), *Feminism and Migration: Cross-cultural Engagements*, Springer.

Bourhis, R. Y. , Mooese, L. C. , Perreault, S. , Seneacal, S. , (1997), "Towards an Interactive Acculturation Model: A Social Psychological Approach", *International Journal of Psychology*, 32 (6).

Bravo-Ureta, B. E. , Quiroga, R. E. and Brea, J. A. , (1996), "Migration Decisions, Agrarian Structure, and Gender: The Case of Ecuador" , *The Journal of Developing Areas*, 30 (3).

Buckley, K. E. , Winkel, R. E. , Leary, M. R. (2004), "Reaction to Acceptance and Rejection: Effects of Level and Sequence of Relational Evaluation", *Journal of Experimental Social Psychology*, 40 (1): 14 – 28.

Chant, S. , (1992), "Towards a Framework for the Analysis of Gender-selective Migration", *In Gender and Migration in Developing Countries*, Ed. Chant, S. , London and New York: Bel-haven Press. pp. 197 – 206.

Chiang, Y. L. , Hannum, E. , &Kao, G. , (2015), "It is not just about the Money: Gender and Youth Migration from Rural China",

Chinese sociological Review, 47（2）.

Crush, J. , & Dodson, B. , （2010）, Migration, Remittances and 'Development' in Lesotho（Migration Policy Series, Vol. 52）, Cape Town: Ideas and Southern African Research Centre.

Cuéllar, I. , Arnold, B. , & Maldonado, R. , （1995）, "Acculturation Rating Scale for Mexican. Americans-II: A Revision of the Original ARSMA Scale", *Hispanic Journal of Behavioral Sciences*, 17, pp. 275－304.

Damaris , Rose, "Social Networks and the Social Integration of Immigrant Women: the Role of Neighborhood in the Contemporary Metropolis", Summary of Existing Knowledge and Priorities for Policy-oriented Research, http://www. docin. com/p－470834944. html.

Davin, D. , （1997）, "Migration, Women and Gender Issues in Contemporary China", In *Floating Population and Migration in China: The Impact of Economics Reform*. Ed. T. Scharping. Hamburg: Mitteilungen Des Instituts Fur Asienkunde.

Davin, D. , （1999）, *Internal Migration in Contemporary China*, New York: St. Martin's Press.

Diner, H. R. , （1983）, *Erin's Daughters in America: Irish Immigrant Women in the Nineteenth Century*, Baltimore, Md: Johns Hopkins Press.

Donato, K. M. , Davin, T. D. , （2005）, "Marriage Migration in China: The Enlargement of Marriage Markets in the Era of Market Reforms", *Indian Journal of Gender Studies*, 12: 2&3.

Dumon, W. A. , （1981）, "The Situation of Migrant Women Worker", *International Migration* , Volume 19, Issue 1－2: 190－209.

Fan, C. C. and Huang, Y. , （1998）, "Waves of Rural Brides: Femail Marriage Migration in China", *Annals of the Association of American Geographers*, 88（2）.

Fan, C. C. , (2000) , "Migration and Gender in China", *China Review*, ed. by Chuang-ming Lau and Jianfan Shen , Hong Kong: Chinese University of Hong Kong Press, 2000.

Fan, C. C. , (2011) , "Settlement Intention and Split Households: Findings From a Survey of Migrants in Beijing's urban villages", *The China Review* (2): 11 - 42.

Fan, C. C. and Huang Y. Q. , (1998) , "Waves of Rural Brides: Female Marriage Migration in China", *Annals of the Association of American Geographers*, 88 (2): 227 - 251.

Fan, C. C. , (2001) , "Migration and Labor Market Returns in Urban China: Results from a Recent Survey in Guangzhou", *Environment and Planning* A3: 479 - 508.

Fan, C. C. , (2003) , "Rural-Urban Migration and Gender Division of Labor in Transitional China", *International Journal of Urban and Regional Research*, March.

Fenton, C. , (1989) , "Racism and Mental Health", In J. Cox & S. Bostock (Eds.). *Racial Discrimination in Health Services*, Keele. UK: University Press.

Goldlust, J. and Richmond, A. H. , (1975) , "A Multivariate Model of Immigrant Adaptation", *International Migration Review*, Vol. 8 (2).

Goldscheider. G. , (1983) , *Urban Migrants in Developing Nations*, Westview Press.

Gordon, M. M. , (1964) , *Assimilation in American Life: The Role of Race, Religion and National Origins*, New York: Oxford University Press.

Graves, T. D. , (1967) , "Psychological Acculturation in a Tri-ethnic Community", *Southwestern Journal of Anthropology*, 23.

Green, A. , Preston, J & Sabates, R. , (2003) , "Education,

Equality and Social Cohesion", *Compare : A Journal of Comparative & International Education*, Vol. 33, No. 4.

Gustafsson, B. and Li, S. , (2000), "Economic Transformation and the Gender Earnings Gap in Urban China", *Journal of Population Economics*, 13: 305 – 329.

Hagan, J. M. , (1998), "Social Networks, Gender, and Immigrant Incorporation: Resource and Constraints", *American Sociological Review*, 63: 55 – 67.

He, C. and Gober, P. , (2003), "Gendering Interprovincial Migration in China", *International Migration Review*, Vol. 37, No. 4.

Hoffman-Newton, H. J. , (1978), "Sociological and Demographic Aspects of the Changing Status of Migrant Women in Europe", *Demographic Aspects of the Changing Status of Women in Europe*. Spring US, pp. 117 – 135.

Hondagneu-Sotelo, P. , (1999), "Gender and Contemporary U. S. Immigration", *American Behavioral Scientist*, 42 (3): 565 – 576.

Huang, Y. Q. , (2001), "Gender, hukou and Occupational Attainment of Female Migrants in China (1985 – 1990)", *Environment and Planning*, 33: 257 – 79.

Jampaklay, A. , (2006), "How does Leaving Home Affect Marital Timing? An Event-history Analysis of Migration and Marriage in Nang Rong, Thailand", *Demography* 43 (4): 711 – 725.

Jampaklay, A. , (2003), *Migration, Marital Timing, and Mate Selection in the Context of Thailand*, Ph. D. dissertation. Department of Sociology, University of North Carolina at Chapel Hill.

Kanaiaupuni, S. M. , (2000), "Reframing the Migration Questions: An Analysis of Men, Women, and Gender in Mexico", *Social Forces*, 78 (4).

Katharine, M. D. , (1993), "Current Trends and Patterns of Female Migration: Evidence from Mexico", *International Migration Review*, Vol. 27, No. 4.

Kats, R. , (1982), "The Immigrant Woman: Double Cost or Relative Improvement?" *International Migration Review*, Vol. 16, No. 3: 661 –677.

Khraif, R. M. , (1992), "Permanent Versus Temporary Rural Migrants in Riyadh, Saudi Arabia: A Logit Analysis of their Intentions of Future Mobility", *GeoJournal* , 26: 363 –370.

Kligman, G. , & Limoncelli, S. , (2005), "Trafficking Women after Socialism: To, through and from Eastern Europe", *Social Politics: International Studies in Gender, State and Society*, 12 , pp. 118 – 140.

Kofman, E. , (1999), "Female Birds of Passage a Decade Later: Gender and Immigration in the European Union", *International Migration Review*, Vol. 33, No. 2.

Korinek, K. , Entwisle, B. , and Jampaklay, A. , (2005), "Through Thick and Thin: Layers of Social Ties and Urban Settlement among Thai Migrants", *American Sociological Review* , 70 (5): 779 – 800.

Liang, Z. and Chen, Y. P. , (2004), "Migration and Gender in China: An Origin Destination Linked Approach", *Economic Development and Cultural Change*, Vol. 52, No. 2, pp. 423 – 443.

Liebkind, K. , & Jasinskaja-Lahti, (2000), "The Influence of Experiences of Discrimination on Psychological Stress: A Comparison of Seven Immigrant Groups", *Journal of Community & Applied Social Psychology*, 10, 1 – 16.

Liu, P. W. , X. M, and Zhang , J. , (2000), "Sectoral Gender Wage Differentials and Discrimination in the Transitional Chinese Economy", *Journal of Population Economics*, (13): 331 –352.

Maner, J. K. , DeWall, C. N. , Bauneister, R. F. , and

Schaller, M. , (2007), "Does Social Exclusion Motivate Interpersonal Reconnection? Resolving the Porcupine Problem", *Journal of Personality and Social Psychology.*

Massey, D. S. , (1987), "Understanding Mexican Migration to the United States", *American Journal of Sociology* (92): 1372 – 1403.

Massey, D. S. and Akresh, I. R. , (2006), "Immigrant Intentions and Mobility in a Global Economy: The Attitudes and Behavior of Recently Arrived US Immigrants", *Social Science Quarterly* (5): 954 – 971.

Maurer-Fazio, M. , Rawski, T. G. and Zhang , W. , (1997), "Gender Wage Gap in China's Labor Market: Size, Structure, Trends", *Working Paper* No. 88. Ann Arbor: The William Davison Institute at the University of Michigan Business School.

Meng, X. , (1998), "Gender Occupational Segregation and its Impact on the Gender Wage Differential", *Applied Economies*, (30): 741 – 75.

Neuwirth, G. , (1987), "Immigrant Settlement Indicators: A Conceptual Framework", Ottawa: Research Division Policy and Program Development Brach Immigration Group, Employment and Immigration Canada.

Ngai, P. , (1999), "Becoming Dagongmei (Working Girls): The Politics of Identity and Difference in Reform China", *The China Journal*, No. 42, pp. 1 – 18.

Nielsen, I. , Smyth, R. , and Zhai, Q. , (2009), "Subjective Well-Being of China's off-farm Migrants", *Journal of Happiness Studies*, 11 (3): 315 – 333.

Oishi, N. , (2002), "Gender and Migration: An Integrative Approach", *Working Papers*, Center for Comparative Immigration Studies, UC San Diego, 03 – 01 – 2002.

Padilla, A. M. & Perez, W. , (2003), "Acculturation, Social Identity, and Social Cognition: A New Perspective ", *Hispanic Journal of Behavioral Sciences*, Vol. 25, No. 1.

Pedraza, S. , (1991), "Women and Migration: The Social Consequence of Gender", *Annual Review of Sociology*, (17): 303 - 325.

Pedraza, S. , (1991), "Women and Migration: The Social Consequences of Gender", *Annual Review of Sociology*, Vol. 17 (1991), pp. 303 - 325.

Pessar , P. , (1999b), "The Role of Gender, Households, and Social Networks in the Migration Process: A Review and Appraisal", In The Handbook of International Migration: The American Experience. Ed. C. Hirschman, P. Kasinitz and J. De Wind, New York: Russell Sage Foundation, pp. 53 - 70.

Pessar, P. , (1999a), "Engendering Migration Studies", *American Behavioral Scientist*, 42 (3): 577 - 600.

Powers, M. G. and Seltzer, W. , (1998), "Occupational Status and Mobility among Undocumented Immigrants by Gender", *International Migration Review*, Vol. 32, No. 1, pp. 21 - 55.

Reyes, B. I. , (2001), "Immigrant Trip Duration: The Case of Immigrants from Western Mexico", *International Migration Review* (35): 1185 - 1204.

Robert, K. D. , (2002), "Female Labor Migrants to Shanghai", *International Migration Review* 36 (2).

Roberts, K. , (2002), "Gendering Interprovincial Migration in China", *International Migration Review*, 37 (4): 1220 - 1251.

Rogler, L. H. , Cortes, D. E. , & Malgady, R. G. , (1991), "Acculturation and Mental Health Status Among Hispanics: Convergence and New Directions for Research", *American Psychologist*, (46): 585 - 597.

Sam, L. D. & Berry, J. W. , (2006), *The Cambridge Handbook of Acculturation Psychology*, Cambridge University Press.

Sauvy, A. , (1966), *General Theory of Population*, New York: Basic Books, Inc.

Schwartz, S. J. & Zamboanga, B. L. , (2008), "Testing Berry's Model of Acculturation: A Confirmatory Latent Class Approach", *Cultural Diversity and Ethnic Minority Psychology*, Vol. 14, No. 4, pp. 275 – 285.

Searle W. & Ward C. , (1990), "The Prediction of Psychological and Socio-cultural Adjustment during Cross-cultural Transition", *International Journal of Intercultural Relations* 14 (1990): 449 – 464.

Sundari, S. , (2005), "Migration as a Livelihood Strategy: A Gender Perspective", *Economic and Political Weekly*, Vol. 40, No. 22/23, pp. 2295 – 2303.

Taft, R. , (1977), "Coping with Unfamiliar Cultures", In N. Warren (ed.), *Studies in Cross-cultural Psychology* , Vol. I, pp. 143 – 155, London: Academic Press.

Teske, R. H. C. & Nelson, B. H. , (1974), "Acculturation and Assimilation: A Clarification", *American Ethnologist*, 1, pp. 351 – 367.

Thomas, D. , (1990), *Immigrant Integration and Canadian Identity*, Ottawa: Employment and Immigration Canada.

Turner, H. A. and Turner, R. J. , (1999), "Gender, Social Status, and Emotional Reliance, Journal of Health and Social Behavior", *Journal of Health and Social Behavior* , Vol. 40, No. 4: 360 – 373.

Wirth , L. , (1938), "Urbanism as a Way of Life", *American Journal of Sociology* , (44) , pp. 1 – 24.

Woon, Y. , (1999), "Labor Migration in the 1990s: Homeward Orientation of Migrants in the Pearl River Delta Region and its Implications for Interior China", *Modern China*, 25: 475 – 512.

Wu, F. L. , (2004), "Urban Poverty and Marginalization under Market Transition: The Case of Chinese Cities", *International Journal of Urban and Regional Research*, 2: 401 – 423.

Wu, W. , (2002), "Migrant Housing in Urban China-Choices and Constraints", *Urban Affairs Review* 1: 90 – 119.

Yang, X. S and Guo, F. , (1999), "Gender Differences in Determinants of Temporary Labor Migration in China: A Multilevel Analysis", *International Migration Review*, Vol. 33, No. 4 (Winter, 1999), pp. 929 – 953.

Zhang, H. X. , (1999), "Female Migration and Urban Labor Market", *Development and Change*, 30: 21 – 41.

Zhang, J. , Li, X. , Fang, X. , and Xiong, (2009), "Discrimination Experience and Quality of Life among Rural-to-Urban Migrants in China: the Mediation Effect of Expectation-Reality Discrepancy", *Quality of Life Research*, 18: 291 – 300.

附录　北京市非京籍务工人员 发展状况调查问卷

您好！

　　我是北京团市委派出的调查员。本次调查是为了了解在京非京籍务工人员的生活和工作情况，从而为制定相关社会政策提供参考。经过科学抽样，我们选中您作为调查对象。问卷中问题的回答，没有对错之分，只要表达您的真实情况和想法即可。对于您的回答，我们将按照《统计法》的规定，严格保密，请不要有任何顾虑，谢谢您的合作！

　　请在您认为合适的选项编号上画"〇"，个别题目需要您在_____上填写。

北京团市委调研组
2012 年 6 月

调查地点：_____区/县_____乡/镇/街道_____社区

调研单位：_____本次集体测试人数_____

调研员（签名）_____复核人（签名）_____

以上内容由工作人员填写

第一部分　基本信息

A1 您的性别是？　1. 男　2. 女

A2 您的出生年月是_____年_____月

A3 您的家乡所在省份是_____

A4 您的家乡所在地为？（根据"从小"原则，选择最小的一个）

1. 农村　2. 乡镇　3. 县城及县级市　4. 地级市　5. 省会　6. 直辖市

A5 您的政治面貌是？

1. 群众　2. 共青团员　3. 中共党员　4. 民主党派成员

A6 您现在的户口性质为？

1. 京外农村户口　2. 京外城镇户口　3. 北京农村户口　4. 北京城镇户口

A7 您家里有几个兄弟姐妹？　1. 本人是独生子女　2. 两个　3. 三个　4. 四个及以上

A8 您的民族是？

1. 汉族　2. 蒙古族　3. 满族　4. 回族　4. 壮族　5. 藏族　6. 维吾尔族　7. 其他_____

A9 您的宗教信仰是？

1. 没有　2. 佛教　3. 道教　4. 回教（伊斯兰教）　5. 基督教　6. 天主教　7. 其他_____

A10 您的受教育程度是？

1. 小学及以下　2. 初中　3. 高中（含职高、中专、技校）　4. 大专　5. 本科　6. 研究生及以上

A11 您的婚姻状况是？

1. 未婚，有男/女朋友⎫
2. 未婚，无男/女朋友⎬⟶ 未婚者不用回答以下问题，请直接回答第二部分！

3. 已婚

4. 离婚⎫
5. 丧偶⎬⟶ 回答4、5的直接回答 A13 题

A12 您配偶的工作状况？（已婚者请填答）

1. 与您在同一城市工作　2. 与您在不同城市工作　3. 与您在同一城市，无业　4. 在老家务农　5. 其他（请注明_____）

A13 您有几个孩子_____？（没有请填0）

第二部分　生活及工作情况

B1 您外出打工的原因是？（最多可选三项）　_____　_____　_____

1. 务农太辛苦　2. 为了挣钱　3. 在家没事可干　4. 不愿过农民的生活

5. 为了获得更大的发展空间　6. 城市的生活条件更好　7. 别人都外出务

工　8. 出去增长见识　9. 其他（请注明＿＿＿＿＿＿）

B2 您来北京打工的原因？（最多可选三项）＿＿＿＿　＿＿＿＿　＿＿＿＿

1. 在北京有亲戚　2. 在北京有老乡　3. 北京比别的地方容易挣钱、挣

钱多　4. 北京是首都　5. 北京离家乡近　6. 北京机会多　7. 个人能见大世

面　8. 为了孩子更好的发展　9. 其他（请注明＿＿＿＿＿＿）

B3 您目前从事的行业是？

1. 住宿餐饮业　2. 建筑业　3. 制造业　4. 租赁和商务服务业　5. 家政业

6. 批发零售业　7. 其他居民生活服务业（如理发、修理、清洁等）　8. 交通

运输业　9. 信息咨询业　10. 公共事业　11. 娱乐业　12. 健康产业　13. 金融

业　14. 出版广告业　15. 保险业　16. 其他（请注明＿＿＿＿＿＿）

B4 您所从事的职业是？＿＿＿＿＿＿

B5 您目前的工作是通过什么方式获得的？（最多可选两项）＿＿＿＿＿＿

＿＿＿＿＿＿

1. 自己找的　2. 朋友同学介绍　3. 亲戚老乡介绍　4. 原来的老板介绍

5. 北京人介绍　6. 用工单位到家乡招工　7. 家乡劳动部门组织输送　8. 其

他（请注明＿＿＿＿＿＿）

B6 您认为什么样的工作对您最有吸引力？（最多可选三项）＿＿＿＿＿＿

＿＿＿＿＿＿

1. 挣钱多　2. 能发挥我的专长　3. 工作环境好　4. 符合自己的兴趣爱

好　5. 工作稳定性高　6. 能实现我的理想　7. 能让我学到东西　8. 发展前

景大　9. 工作压力小、不累　10. 其他（请注明＿＿＿＿＿＿）

B7 您第一次离家外出工作是什么时候？＿＿＿＿＿＿年＿＿＿＿＿＿月

B8 您换过多少次工作（指在不同的老板/雇主间变换）？

1. 没有换过（跳答 B10 题）　2. 1～2 次　3. 3～4 次　4. 5～6 次　5. 7

次及以上

B9 如果您换过工作，那么您最后一次换工作的主要原因是？（可多选）

1. 收入太低　2. 工作太累　3. 被解雇　4. 工作条件太差　5. 与雇主关系

不融洽　6. 与自己兴趣不符　7. 找到更好的工作　8. 其他（请注明＿＿＿＿＿＿）

B10 您上周工作了多少＿＿＿＿＿＿天？

B11 您上周平均每天工作多少小时？

1.8 小时以下　2.8～9 小时　3.10～11 小时　4.12 小时以上

B12 您参加过职业培训吗？　1. 参加过　2. 没有参加过（跳答 B14 题）

B13 您参加的职业培训主要是由谁组织的？（可多选）

1. 自费参加培训　2. 政府　3. 社区　4. 所在单位　5. 职业介绍所

B14 总体而言，您对目前的工作是否满意？

1. 非常满意　2. 比较满意　3. 一般　4. 不太满意　5. 很不满意

B15 您目前的住所类型是？

1. 集体宿舍　2. 自己租房　3. 住在亲戚朋友家　4. 自己买房　5. 其他
（请注明＿＿＿＿＿）

B16 您的邻居主要是哪些人？

1. 都是当地人　2. 有少数外来务工人员　3. 外来务工人员很多　4. 都
是外来务工人员

B17 您目前最希望政府如何帮您解决居住问题？（可多选）

1. 不需要　2. 提供廉租房　3. 规范房屋租赁市场　4. 稳定房屋租金
5. 提供经济适用房或两限房的购房机会　6. 调控房价　7. 取消商品房限购
8. 其他（请注明＿＿＿＿＿）

B18 目前在京您每个月能挣多少钱？＿＿＿＿＿＿元

B19 每个月您大概能存（剩余）多少钱？＿＿＿＿＿＿元

B20 每月剩余的钱怎么处理？

1. 无剩余　2. 自己存起来　3. 寄回老家（给配偶）　4. 寄回老家（给
父母）　5. 其他（请注明＿＿＿＿＿）

B21 您认为自己日常开支中花费最大的三个方面依次是（从多到少排序）

第一位＿＿＿＿　第二位＿＿＿＿　第三位＿＿＿＿

1. 吃饭日用品开支　2. 支付房租水电费用　3. 交通费用　4. 学习培训
5. 社交应酬、娱乐等　6. 用于子女身上　7. 购置衣物（如化妆品、衣服等）
8. 手机充值　9. 上网费用　10. 其他（请注明＿＿＿＿＿）

B22 您觉得您目前的经济状况如何？

1. 很好　2. 还不错　3. 勉强过得去　4. 不太好　5. 很糟糕

B23 在您看来，您本人的社会经济地位在北京属于？

1. 上层　2. 中上层　3. 中层　4. 中下层　5. 底层

B24 在闲暇时间您经常是怎么安排的？（可多选）

1. 上网　2. 看电视　3. 逛街　4. 打牌、打麻将　5. 听收音机　6. 看书报　7. 睡觉　8. 找老乡　9. 做家务　10. 带小孩／教育子女　11. 参加学习培训　12. 其他（请注明_____）

B25 您在北京生活的主要困难是？（可多选）

1. 没有困难　2. 住房困难　3. 在北京没有工作／生意　4. 在北京工作不稳定　5. 在北京子女上学困难　6. 在北京就医困难　7. 受到北京人的歧视　8. 在北京感情孤独　9. 其他（请注明_____）

B26 您在生活中碰到困难的时候一般向谁寻求帮助？

1. 老乡　2. 配偶　3. 雇主／老板　4. 老乡　5. 同事　6. 其他（请注明_____）

第三部分　社会融入及个人发展情况

C1 您第一次来北京工作的时间 _____年_____月

C2 您觉得自己是北京人吗？　1. 是（跳答 C4 题）　2. 不是

C3 您认为自己还不是北京人的原因是？（可多选）

1. 没有北京户口　2. 在北京没有自己的房子　3. 北京留不下来，以后会回老家　4. 没有获得与北京市民同等的待遇　5. 没有稳定工作　6. 与北京市民没有来往　7. 家人亲戚在农村、习惯农村生活方式　8. 不喜欢北京　9. 城里人这么认为的　10. 北京对我们没有感情　11. 其他（请注明_____）

C4 您今后有何打算？

1. 没有想过　2. 留在北京　3. 到其他城市　4. 回家乡务农　5. 回家乡经商　6. 回家乡从工　7. 看情况再定　8. 其他（请注明_____）

C5 您的朋友中有北京人吗？　1. 没有　2. 有 1 ~ 2 个　3. 3 ~ 4 个　4. 有 5 个及以上

C6 您觉得北京市民对您的态度怎么样？

1. 非常友好　2. 比较友好　3. 一般　4. 有点排斥　5. 非常排斥

C7 您与北京市民的交往中主要的困难是？（可多选）

1. 没有困难　2. 语言问题　3. 思想观念不同　4. 生活习惯不同　5. 地位差异大　6. 北京市民看不起外地人　7. 缺少交往机会　8. 其他（请注明_____）

C8 对以下问题，您的看法是？

	非常不同意	比较不同意	一般	比较同意	非常同意
和北京人聊天	1	2	3	4	5
和北京人一起工作	1	2	3	4	5
和北京人成为邻居	1	2	3	4	5
和北京人通婚或结成亲戚	1	2	3	4	5

C9 您的工作单位里、也就是您的同事主要是：

1. 老乡　2. 来自其他地方的人　3. 北京人　4. 其他（请注明＿＿＿＿）

C10 在北京的业余生活中，您与谁的交往最多？

1. 配偶　2. 亲戚　3. 老乡　4. 朋友同学（非老乡）　5. 同事　6. 网友 7. 其他（请注明＿＿＿＿）

C11 您在北京参加了以下哪些组织或群体？（可多选）

1. 无　2. 党团组织　3. 工会　4. 职工代表大会　5. 同乡会　6. 宗教组织　7. 俱乐部　8. 志愿者组织　9. 其他（请注明＿＿＿＿）

C12 您是否参加社区举行的各种活动？

1. 总是参加　2. 有时参加　3. 偶尔参加　4. 从不参加　5. 不知情

C13 您经常使用以下哪些公共设施（可多选）

1. 公园　2. 运动设施　3. 剧场、影院　4. 图书馆　5. 博物馆　6. 其他（请注明＿＿＿＿）

C14 您所在企业提供文化活动的情况是？

1. 没有提供任何文化活动　2. 内容丰富，能够满足我的需要　3. 提供一些，基本满我的需要　4. 内容单一，不能满足我的需要

C15 您希望能参加企业或政府组织的哪些文化活动？

1. 不想参加企业或政府组织的活动　2. 看电影、演出　3. 参加文娱活动　4. 爬山、旅游等户外活动　5. 提供阅览室、借书等服务　6. 参加公益活动　7. 参加知识技能培训　8. 其他（请注明＿＿＿＿）

C16 您自己更喜欢哪个称呼？

1. 北京人　2. 农村人　3. 打工者　4. 农民工　5. 新居民　6. 外来工 7. 白领　8. 流动青年　9. 说不清　10. 其他（请注明＿＿＿＿）

C17 您赞同"男主外、女主内"的说法吗？

1. 非常赞成　2. 比较赞成　3. 一般　4. 比较不赞成　5. 非常不赞成

C18 您认为一个人的成功主要靠什么？（可多选）

1. 主要靠运气　2. 一半努力一半运气　3. 主要靠自身努力　4. 主要靠出身　5. 其他（请注明_____）

C19 您认为您在多大程度上有计划性地安排工作与生活？

1. 从不计划，事情来了再说　2. 仅在几件事情上做事先计划　3. 大多数事情都事先仔细地安排　4. 其他（请注明_____）

C20 您与朋友约好时间见面，您认为朋友多少分钟后不到就算迟到？

1. 半小时以上　2. 五分钟到半小时　3. 五分钟以下　4. 视情况而定

第四部分　对北京的认识与评价

D1 您是否关心北京的发展？

1. 非常关心　2. 比较关心　3. 一般　4. 不太关心　5. 很不关心

D2 如果对自己身边的事务有不满意的地方，您是否会向有关部门反映？

1. 会，也反映过　2. 会，但还没有反映过　3. 不会，反映也没有用　4. 不会，因为事不关己　5. 说不清楚

D3 在北京，您觉得以下现象普遍吗？

	不清楚	不存在	偶尔	很普遍
政府管理部门人员向外地人乱收费	1	2	3	4
政府管理部门会为外地人排忧解难	1	2	3	4
政府管理部门人员对待外地人不公平	1	2	3	4
政府管理部门给予外地人与北京市民相同的待遇	1	2	3	4

D4 您对以下北京市的管理工作有何评价？

	很不满意	不太满意	一般	满意	非常满意
社会治安	1	2	3	4	5
城乡结合部改造	1	2	3	4	5
子女教育及升学	1	2	3	4	5
医疗服务	1	2	3	4	5

D5 如果有机会，您是否愿意参加北京的社会管理工作？

1. 会主动参与，不惜投入时间精力　2. 愿意，但不能耽误过多的时间精力　3. 如果有组织邀请，会参与　4. 如果关系到我的利益，会参加　5. 不愿意

D6 您认为总体上北京市当前的社会管理和服务与前几年相比有何变化？

1. 有很大改进　2. 有一些改进　3. 没有变化　4. 有所退步　5. 说不清

D7 您是否听说过由北京市团市委组织的"社区青年汇"？　1. 是　2. 否（跳答 D9 题）

D8 您是否参加过"社区青年汇"组织过的以下活动？（可多选）

1. 没有参加过　2. 公益类　3. 文体类　4. 娱乐类　5. 创业类　6. 健身类　7. 科普类　8. 其他（请注明_____）

D9 您是否愿意参加北京的志愿服务活动？　1. 愿意　2. 不愿意　3. 没想过

D10 您所在的社区为外地进城务工人员提供了哪些专门的服务？（可多选）

1. 没有提供专门服务　2. 就业服务　3. 住房服务　4. 医疗服务　5. 文体组织　6. 子女教育与升学　7. 运动设施　8. 帮扶救助　9. 其他（请注明_____）

D11 您怎么评价您得到服务的状况？

1. 很好，很周到　2. 不太好，社会服务品种少，质量差　3. 不好，没什么服务　4. 根本没有对外来务工人员的服务　5. 说不清

第五部分　权益维护与上网情况

E1 您是否与您的雇主/老板签订了劳动合同？

1. 自我经营（跳答 E8 题）　2. 没有签　3. 签了 1～3 年合同　4. 签了 3 年以上合同　5. 其他（请注明_____）

E2 您所在的单位为您缴纳了哪些保险？（可多选）

1. 没有缴纳保险　2. 养老保险　3. 医疗保险　4. 工伤保险　5. 失业保险　6. 生育保险　7. 商业保险　8. 不知道

E3 您目前工资的发放方式是？

1. 计时（工作日、月薪）支付　2. 计件支付　3. 项目（工程）结算支付　4. 底薪加提成　5、其他（请注明_____）

E4 最近一年内，您的工资是否有过被拖欠的现象？

1. 没有拖欠　2. 偶尔拖欠　3. 经常拖欠　4. 最近没有工作　5. 其他（请注明 _____）

E5 如果单位拖欠工资，您会怎么办？（可多选）

1. 自己与单位交涉　2. 联合同事一起交涉　3. 找政府部门解决　4. 通过法律途径解决　5. 离开单位　6. 罢工抗议　7. 找媒体宣传　8. 网络求助 9. 托熟人找关系　10. 找党团、工会组织　11. 其他（请注明 _____）

E6 遇到法定节假日（如五一、十一等）您能否休假（包括调休）？

1. 都能　2. 大部分能　3. 有时候能　4. 很少能　5. 都不能

E7 您与雇主/老板是否发生过劳务纠纷？　1. 发生过　2. 没有发生过

E8 您在北京务工期间是否遭遇过不公正待遇？

1. 经常遇到　2. 有时遇到　3. 很少遇到　4. 从来没有遇到

E9 如果您遇到不公正待遇，您一般会采取什么样的解决方式？（可多选）

1. 忍受、发牢骚　2. 离开这个老板/雇主　3. 自己找本单位领导　4. 联合其他人一起找老板/雇主　5. 上访　6. 寻求新闻媒体帮助　7. 网络媒体曝光　8. 找本地政府　9. 找工会、共青团、妇联等群众组织　10. 通过司法途径解决　11. 找公益组织　12. 其他（请注明 _____）

E10 为维护自己的正当权益，您最希望获得哪些方面的支持？（可多选）

1. 惩罚哪些恶意侵害民工权益的雇主/老板　2. 追讨拖欠工资　3. 希望媒体关注　4. 取消对外地人的歧视性政策　5. 自由加入工会表达自己的利益 6. 设立维权机构　7. 法律知识辅导　8. 职业技能培训　9. 就业信息服务 10. 成立自己的协会　11. 其他（请注明 _____）

E11 您是否经常上网？

1. 从未上过（跳答 F1 题）　2. 经常上网　3. 偶尔上网

E12 您大多数时候是通过什么途径上网的？

1. 网吧　2. 手机　3. 自己的电脑　4. 他人的电脑　5. 其他（请注明 _____）

E13 一般情况下，您上周平均每天上网大约有 _____ 小时。

E14 您上网进行下列活动的程度分别如何？

	从不	偶尔	有时	经常	几乎每次
1. 浏览时事新闻	1	2	3	4	5
2. 浏览有关家乡/老家的新闻	1	2	3	4	5

续表

	从不	偶尔	有时	经常	几乎每次
3. 用百度等搜索引擎查询资料	1	2	3	4	5
4. 收发电子邮件	1	2	3	4	5
5. 浏览论坛或社区	1	2	3	4	5
6. 上微博/博客	1	2	3	4	5
7. 上 QQ/MSN	1	2	3	4	5
8. 上其他社交网站（如校内、开心）	1	2	3	4	5
9. 玩游戏	1	2	3	4	5
10. 下载、收看/听网络视频、音乐等	1	2	3	4	5
11. 上招聘、求职类网站	1	2	3	4	5
12. 其他（请注明_____）	1	2	3	4	5

F1 您最希望政府提供哪些方面的帮助？（请直接写在下面）

后　记

本书是我在中国社会科学院社会学所博士后流动站的出站报告结果。借此书出版的机会，我要对给予帮助的家人、老师及朋友们表示由衷的感谢！

首先感谢我的合作导师张翼研究员的培养与指导。张老师治学严谨、学识渊博、为人和善，他以敏锐的学术眼光、前瞻性的学术视野将我带入社会流动研究的领域，并且在研究方法及研究路径等诸多方面给予具体指导。从本书的研究选题、框架制定、写作过程以及后期修订张老师倾注大量的时间与精力，张老师对于我提出的每一个问题都能够给予最令人满意的解答，我受益颇多，在此向张老师表示由衷的感谢！

其次，感谢中国社会科学院社会学所的苏国勋老师。苏老师学识渊博、理论功底深厚、和蔼可亲，对年轻的我们永远充满学术上的期待，正是在他的支持和引领下，才有我的今天。借此机会，感谢苏老师一直以来的关心和帮助，也祝苏老师和苏师母健康平安快乐！

感谢我的博士导师、西安交通大学人文学院的刘军教授，感谢刘老师把我领入社会科学研究的大门。两年多的博士后在站经历，离不开哈尔滨工程大学人文学院各位领导、同事的支持与帮助。在此，向他们表示深深的感谢！

最后，我要向我的爱人表示深深的感谢，他在承担大量教学科研工作的同时，还要承担繁重的家庭劳务，实在太辛苦！感谢他陪伴我度过的每一个生命时刻！感谢我的父亲以及已经离开我们五年的母亲，正是他们的支持与鼓励，使我走到了今天，可是妈妈却再也不能与我共同分享这一时刻……

人的生命不是孤立的，正是无数个个体组成这个美丽的大千世界。最后我要掬一杯最清的盈盈月光，用一缕最暖的落落余晖，拾一片最热的灼灼红叶，摘一束最灿的萋萋芳草送给所有有意识或无意识帮助、关心过我的老师、同学以及我的家人，表达我最真诚的感谢！我将在他们殷切的目光与谆谆教诲中继续不断努力前行！

图书在版编目（CIP）数据

新生代女性农民工城市适应性研究 / 李艳春著. --
北京：社会科学文献出版社，2016.11
（哈尔滨工程大学社会学丛书）
ISBN 978 - 7 - 5097 - 9885 - 0

Ⅰ.①新⋯ Ⅱ.①李⋯ Ⅲ.①女性 - 流动人口 - 研究
- 北京 Ⅳ.①C924.251

中国版本图书馆 CIP 数据核字（2016）第 254788 号

·哈尔滨工程大学社会学丛书·
新生代女性农民工城市适应性研究

著　　者 / 李艳春

出 版 人 / 谢寿光
项目统筹 / 童根兴　胡　亮
责任编辑 / 胡　亮

出　　版 / 社会科学文献出版社·社会学编辑部（010）59367159
　　　　　　地址：北京市北三环中路甲 29 号院华龙大厦　邮编：100029
　　　　　　网址：www.ssap.com.cn
发　　行 / 市场营销中心（010）59367081　59367018
印　　装 / 三河市尚艺印装有限公司

规　　格 / 开　本：787mm × 1092mm　1/16
　　　　　　印　张：14.5　字　数：196 千字
版　　次 / 2016 年 11 月第 1 版　2016 年 11 月第 1 次印刷
书　　号 / ISBN 978 - 7 - 5097 - 9885 - 0
定　　价 / 79.00 元

本书如有印装质量问题，请与读者服务中心（010 - 59367028）联系